Ania Oz vit et écrit dans le comté d'Orange (New Jersey) aux États-Unis. Elle est l'auteur de nombreux guides pratiques sur la sexualité et de romans érotiques pour les chats, ces derniers encore non traduits en langage humain.

Elle ne porte jamais de rose et son clitoris se porte très bien, merci pour elle. C'est parce que son propre projet « d'académie du sexe » fut contrarié en son temps qu'elle a voulu coucher sur le papier les cours et les situations qu'elle fantasmait, pour les partager aujourd'hui avec vous. Et le moins qu'on puisse dire, c'est que son imagination est… débordante !

1
Sex & Cie

ANIA OZ

Sex & Cie 1

BIENVENUE À LA SEX SCHOOL !

Traduit de l'américain
par Frédéric Ploton

J'AI LU

Ouvrage destiné à un public averti

Prologue

Verona (New Jersey) – avril 2026

Mademoiselle, Madame, Monsieur,

En ma qualité de directrice générale de ***Sex & Cie***, je tenais à vous remercier personnellement d'avoir souscrit à l'une de nos formules d'autoformation à la sexualité – toutes validées par le Département à la Santé – contenue dans la boîte ci-jointe.

Depuis bientôt cinq ans, ***Sex & Cie*** a obtenu de l'administration fédérale la licence exclusive des cours d'éducation sexuelle dans les établissements scolaires du pays. Une compétence et une expertise reconnues au plus haut niveau et que des millions d'adolescents et de jeunes adultes ont pu éprouver à travers le monde. C'est pourquoi nous pouvons dire aujourd'hui, non sans une certaine fierté, que cette génération tout entière doit son épanouissement à notre savoir-faire et à nos méthodes. Grâce à nous, grâce à vous aussi qui nous faites confiance chaque jour, la sexualité de millions d'hommes et de femmes ne se résume plus à du sexe, mais est bel et bien devenue du Sexe… et Compagnie !

Pourtant, vous le savez, il n'en a pas toujours été ainsi. Longtemps, les hommes et les femmes, jeunes ou moins jeunes, souffrirent des lacunes du système éducatif en la matière. Parvenus à l'âge adulte, la plupart d'entre eux ignoraient tout des rudiments qui fondent l'entente intime d'un couple. Ils savaient écrire, compter, résoudre les équations les plus complexes et, pour l'essentiel, se comporter en société. Mais pas un seul d'entre eux ne maîtrisait le b.a.-ba des relations entre hommes et femmes. Ce qui allait fonder – et parfois, hélas, plomber – leur vie d'adulte tout entière. Pour leur défense, l'éducation sexuelle se résumait alors à quelques planches anatomiques et une distribution gratuite de préservatifs, le tout dans un climat de franche hostilité. De fait, quand notre entreprise fut créée en 2007, il y a maintenant près de vingt ans, les oppositions furent nombreuses. Parfois violentes.

C'est pourquoi, avant que vous n'ouvriez votre cahier d'exercices et n'entamiez la toute première leçon de notre programme exclusif ***Sex & Cie***, il m'a paru bon de vous raconter une histoire. L'histoire d'un combat pour le plaisir. Votre plaisir. L'histoire de ***Sex & Cie***.

Si vous n'êtes jamais venu nous visiter en notre siège de Verona (New Jersey), il me faut vous en décrire un détail. Sur la façade, côté rue, sont gravés 12 commandements. 12 règles, 12 phrases qui résument notre philosophie. 12 formules qui sont moins des impératifs que, je le pense, des guides pour tous ceux qui y adhèrent. La première dit en substance :

« Pour bien vivre ton plaisir, n'en sais pas trop sur celui des autres. »

Chapitre 1

Longue, incroyablement longue, elle luisait sous le soleil déjà haut de cette fin d'automne caniculaire. Dire que dans quelques semaines à peine, ce serait déjà Noël. À Verona, État du New Jersey[1], on n'était pas habitué à des températures aussi élevées à cette époque de l'année. Ce n'était ni la Floride ni la Californie quand même !

Si longue, large, pour tout dire si imposante qu'elle balayait presque le sol et que les curieux sortaient l'un après l'autre du bâtiment pour y jeter un œil effaré. Qui pour « prendre l'air un instant », qui pour « en griller une », ou, pour la plupart d'entre eux, sans même prétexter du moindre mobile.

Depuis une heure qu'elle patrouillait sur le perron, Marie Pellegrino n'y prêtait même plus attention. Elle connaissait Arturo depuis des années et elle n'avait pas attendu de voir le jeune chicano travailler à demi nu, en pleine lumière, sur la façade de son Académie, pour découvrir qu'il était doté d'un tel appendice. Et puis, à son âge, du haut de sa quarantaine, certes flamboyante mais quarantaine tout de même, elle pouvait dire sans rougir qu'elle en avait vu d'autres.

1. Au nord-est des États-Unis.

D'ailleurs, c'est à peine si elle regardait l'ouvrier qui attaquait avec lenteur et application, marteau et burin fermement empoignés, le cinquième mot de la sentence qui ornerait bientôt le sommet de la vaste plaque de marbre rivetée au fronton de *Sex & Cie* : « Plai... »

Ses yeux balayaient l'avenue blanchie d'un midi presque tapant, à la recherche d'une voiture elle aussi plus grande que la normale. Marie s'énervait peu, mais elle trépignait beaucoup.

« Holly Dog[1] ! Mais qu'est-ce qu'elle fabrique ? »

Qui aurait pu deviner dans cette silhouette frêle et anxieuse, corsetée dans un tailleur gris souris, la fondatrice d'un institut tout entier dévolu à l'extase de ses contemporains ?

— Waouh... Totalement orgasmique !

Elle n'avait pas entendu, dans son dos, approcher le bloc rectangulaire d'un géant mou à la voix haut perchée. Elle ne se retourna pas pour lui décocher dans un soupir :

— Ada, freine un peu sur les « orgasmique »...

— Non mais franchement... c'est pas Ohhh-rgasmique ? dit-il-elle en désignant la première ligne gravée dans la pierre.

— Si, si... Ohlala-gasmique, même, si ça peut te faire plaisir.

Marie n'était qu'à moitié convaincue. C'est John qui avait insisté. Ils en avaient débattu des soirées entières, l'hiver précédent, vautrés sur le zinc du *Romeo's*, le rade le plus proche de l'Académie, là où toutes les décisions importantes se prenaient. Là, où ils avaient pris

1. Juron blasphématoire, jeu de mots sur l'expression « Holly God » (mon dieu), où « god » (dieu) est remplacé par « dog » (chien).

leur tout premier verre à Verona, le jour de l'ouverture, après des mois d'un travail sans répit. Il y a bientôt deux ans...

— Je trouve ça pas bien malin d'agiter le chiffon rouge au nez des bigots.

— J'emmerde ces culs bénis ! On peut... on doit être fiers de ce que l'on fait.

— Je suis d'accord, chéri, mais de là à leur balancer nos commandements « ès cul » en plein visage...

— Chacun sa foi. Perso, Jésus-Christ m'a jamais filé la gaule, cingla John.

— C'est sûr... t'en as parlé à Mark ?

— Mark dit que jusqu'au dernier brin d'herbe de la pelouse avant du bâtiment, on est 100 % chez nous.

— Même si on voit les touffes de la rue ? plaisanta Marie.

— Propriété privée, 100 % ! Ça peut être le festival de la grande motte, si ça nous chante ! Et si on veut y coller des fontaines de chérubins qui s'enfilent, rien ni personne ne peut nous en empêcher. Et tant pis si certains doivent se mettre une main devant les yeux quand ils passent ici. J'attends le premier adventiste de la septième baffe[1] qui viendra nous chercher des poux pour lui en coller une ! fanfaronna John en bandant les muscles bodybuildés qui saillaient de son éternel tee-shirt blanc, coupe ajustée.

Une grosse berline noire remontait Prospect Avenue. Dans ce sens, il était plus que probable qu'elle vînt de la route 280, l'axe principal de la région qui, dans le prolongement direct de la 95, donnait accès à New York et ses environs. Une New-Yorkaise dans une Mercedes noire ? L'invitée tant attendue arrivait-elle enfin ?

---

1. Référence aux Adventistes du septième jour, groupe religieux d'obédience protestante.

Du haut de son mètre quatre-vingt-quinze, Ada tremblait d'excitation comme une collégienne. Ada ? Comment vous dire ça... Il fallait l'envisager sous divers angles pour tenter de comprendre à qui on pouvait bien avoir affaire.

Vu(e) du dessous, là où se situaient la plupart de ses interlocuteurs, Ada était une masse, une sorte de monolithe rectangulaire de charpente et de muscles.

Vu(e) du dessus, c'était une ravissante chevelure blond platine, permanentée, dont les vagues savamment entretenues coulaient avec grâce sur ses épaules de *quaterback*[1].

Vu(e) de dos, on remarquait l'élégance de sa toilette, de longues jupes de couleurs vives, des chemisiers ouvragés, bordés de dentelle de la Nouvelle-Angleterre, des écharpes de coton qui pendaient de part et d'autre de son buste interminable.

Vu(e) de face, on ne savait généralement s'il fallait lui donner du monsieur, du madame, voire du mademoiselle, ce qui contraignait les inconnus à lui servir un « hey ! » familier, presque cavalier et que, à la mesure de son gabarit, ils regrettaient aussitôt. Ada était Ada et, depuis sa rencontre avec John, dix ans plus tôt, dans un club de gym de Brooklyn, jamais les époux Pellegrino ne s'étaient autorisés à lui demander ce qu'il pouvait bien y avoir dans son caleçon ou sa « petite » culotte. De tous les secrets de *Sex & Cie*, l'identité d'Ada était le mieux gardé.

La Mercedes dépassa le panneau discrètement labellisé du logo « S & C », sans que rien de plus ne vienne éclairer le passant sur la nature de leur activité, si ce n'est cette profession de foi passe-partout : « Votre plaisir est le nôtre[2]. »

---

1. Équivalent du demi de mêlée au football américain.
2. « Your joy is ours. »

Quelques secondes plus tôt, route 280,
à l'entrée de Verona...

« Bienvenue à Verona, cité des amoureux... quelle que soit la latitude. » La limousine rose passa le seuil de la ville sans ralentir. À l'intérieur, la main de Cyrella Walker franchit à son tour la limite de son shorty parme, avant de plonger sous l'élastique d'un string à peine plus consistant qu'une brume. Ses yeux mi-clos n'aperçurent pas les autochtones qui, de l'autre côté des vitres teintées, regardaient passer son drôle de vaisseau. En hommage au célèbre écrivain britannique, dont elle partageait depuis toujours le goût pour les teintes « bonbon », elle avait baptisé sa voiture Barbara. Et Barbara ne passait jamais inaperçue...

— Hummmm, gémit-elle quand son majeur effleura la périphérie de son sexe.

Le volet de séparation, qui conférait à l'habitacle autant d'intimité que sa propre chambre, lui renvoyait son image. Une image qui lui plaisait, enfin. À près de xx ans – jamais elle ne confiait son âge, pas même à elle – elle était parvenue au résultat tant désiré : devenir la copie presque conforme de Jesse Jane, la sculpturale actrice X dont la plastique semblait avoir été coulée dans le moule dont on fait certaines poupées. Jusqu'au moindre détail, l'illusion était saisissante : la même bouche en fruit mûr, la même crinière blonde et lisse, les mêmes yeux d'un bleu parfait, les mêmes seins indémodables, plus jeunes qu'elle de deux ou trois décennies.

— Vas-y, prends-moi, murmura Cyrella à son reflet, au moment d'engouffrer son majeur dans son sexe encore à demi sec.

Elle releva sa jupe, pourtant courte, plus haut sur ses cuisses, qu'elle écarta aussi largement qu'elle le put. De sa main libre elle actionna une commande. Un écran enchâssé dans le volet noir s'alluma aussitôt. Car une image, même flatteuse, ce n'était jamais assez pour Cyrella Ornella Walker, deuxième du nom, héritière d'un empire industriel assez colossal pour tirer lui aussi un trait d'union entre les buildings que la Lincoln fuchsia dépassait et la dentelle de sa culotte, qui capitulait sous les poussées obstinées de sa main gauche.

Elle apparut une seconde fois, son double de pixels capté par une caméra assez petite pour se faire oublier. Un minuscule joystick lui permit d'orienter l'objectif et de zoomer comme elle le souhaitait. Le fil du string n'était qu'un bien maigre obstacle et bientôt les contours de sa vulve absolument glabre apparurent sur le moniteur. Elle put jouir du spectacle tout à son aise, observant le mouvement large et circulaire du médius qu'on lui avait appris, insistant sur la paroi antérieure du vagin. Puis elle dit à son sexe « Viens là » de son doigt appliqué. Son ventre s'ouvrait peu à peu. Plus sensible. Plus humide. Plus chaud, surtout, irradiant l'ensemble de son corps qu'elle sentait fondre peu à peu sur le cuir irréprochable de la banquette arrière.

— Cyrella... t'es vraiment qu'une sale petite pute, couina-t-elle à son sexe géant, en un râle étouffé.

Les limousines de plus de dix mètres posent dans l'ensemble deux problèmes à leur chauffeur, même expérimenté. Le premier, c'est qu'on n'arrête pas un tel engin comme on pile avec une petite citadine. Le second, c'est qu'une fois la voiture arrêtée, le véhicule est si long que les autres objets circulant sur la chaussée ont bien du mal à l'éviter. Le vélo rose pâle qui suivait de loin le paquebot roulant n'échappa ni à la règle ni au coffre proéminent.

— Nom d'un... George ! strida Cyrella à l'adresse de son conducteur, cliquetant de ses ongles sur la paroi.

George, un Mexicain corpulent qui s'appelait Carlos pour sa femme, ses enfants et accessoirement pour les services d'immigration américains, tourna une tête contrite.

— C'est quoi cette merde ?
— Una poli, señora.
— Ouna « Poli[1] » ? roula des yeux la milliardaire.

Il désigna l'agent qui, au-delà du pare-brise avant, lui avait fait signe de s'arrêter en dépit du feu vert. À l'arrière, la gamine désarçonnée se frottait les coudes et, à la vue de la casquette et des galons, enfourcha aussi sec son vieux clou et fila sans demander son reste. Il ne restait d'elle qu'un peu d'épiderme et une petite trace de sang frais sur l'asphalte.
Sous l'uniforme peu seyant, la fonctionnaire semblait une très jolie fille. C'est son sourire éclatant que Cyrella vit apparaître en premier lorsqu'elle entrouvrit sa fenêtre à regret, sa tenue à peine rajustée.

— Bonjour madame, chanta presque la fliquette qu'on avait dû former à l'approche des contrevenants de gros calibre.
— B'jour, susurra une Cyrella excédée.
— Très belle voiture que vous avez là...
— Hum, merci.
— ... mais vous êtes dans une zone TRÈS résidentielle.

Cyrella constata d'une fraction de son œil gauche que son vagin béant s'était figé sur l'écran embarqué. L'agent

1. *Poli* est le terme argotique espagnol pour traduire le français « flic ».

ne souriait plus du tout. Le clone de Jesse Jane titilla fébrilement le bourgeon électronique pour éteindre l'affichage, mais rien n'y fit. C'est un sexe au bord de l'orgasme, figé par l'incident juste avant le moment crucial, qui projetait ses couleurs violacées sur le cuir champagne.

— TRÈS familiale, ajouta la fille en uniforme. Écoutez, je n'ai pas à savoir ce qui se passe dans cette voiture. Mais en dehors…

— Oui oui oui, répétait une Cyrella défaite, sans oser la regarder.

— … en dehors faites attention, s'il vous plaît. Bonne journée, madame.

Ah, si la banquette arrière de Barbara avait pu parler, elle en aurait raconté de belles, c'est certain. Comme la fois où Cyrella avait séquestré trois femelles Yorkshire « pour un usage personnel » aux abords de Central Park. Ou cette autre où elle avait autorisé un SDF, sexy en diable, à y camper pendant près de dix jours, consommant ses charmes à chacun de ses déplacements. Ou encore… mais je m'égare. Tout ça est une autre histoire.

Revenons à Arturo, dégoulinant de sueur, qui en avait presque fini avec le mot « plaisir ». Lorsqu'il imprima le dernier coup de sa pointe métallique sur le marbre, c'est une Lincoln rose presque au pas que les élèves et tout le personnel virent pénétrer l'extrémité de Prospect Avenue. Je n'exagère qu'à peine, croyez-moi, quand je vous dis que la rue tout entière frémit alors de volupté. Chacun passait un visage ravi et gourmand à la fenêtre pour jouir du spectacle. Certains, magnétisés par le convoi exceptionnel, sortaient jusque sur le trottoir pour mieux le contempler. Ce n'est pas tous les jours qu'un tel engin, aussi long, aussi tendu, aussi rose qui plus est, perçait leur banlieue de part en part. Lentement, comme pour mieux les entendre soupirer sur son passage.

Quand Barbara s'arrêta enfin à hauteur du bâtiment, les pelouses environnantes grouillaient de badauds. À sa sortie, chancelante, un gloussement satisfait, presque soulagé, parcourut l'assemblée. Le contenu était bien à la hauteur du contenant.

— Cyrella ! Cy-rella ! Quelle joie !

Marie avait ajusté ses lunettes de créateur et son sourire 100 % chimique pour accueillir sa prestigieuse cliente. Elle dévala les quelques marches en pente douce qui courraient jusqu'à la chaussée, bousculant au passage élèves et voisins agglutinés. Personne ne lui volerait cet instant de gloire. Personne, vous m'entendez ?

— Bienvenue ! Bienvenue à *Sex & Cie*, grimaça-t-elle en estompant volontairement l'accent tonique sur le mot « Sex », pour ne pas provoquer inutilement le voisinage.

— Merci, sourit Cyrella autant que sa dernière intervention labiale le lui permettait.

— C'est un IMMENSE honneur de vous recevoir dans notre Académie, vraiment !

« Et c'est moi qui en fais trop... » grommela Ada, qui improvisait un cordon de sécurité à lui/elle seul(e), son buste faisant écran entre sa patronne et les gêneurs.

Marie saisit la poupée géante par le coude et la soutint jusqu'au péristyle néo-classique qui surplombait l'entrée du bâtiment. Cyrella s'arrêta net et souffla un bruyant :

— Oh !

— Vous vous sentez bien ? s'inquiéta son guide.

— C'est… elle est magnifique !

— Ah, ça ? ! fit-elle avec un excès de modestie, admirant le début de la sentence qu'Arturo avait gravé à même le marbre. John – John c'est mon mari – John n'était pas très pour…

— Je peux la toucher ? la coupa net la milliardaire.

— Écoutez, oui… je ne sais pas, c'est peut-être un peu risqué, c'est encore frais. Arturo ?

Sans attendre la réponse, Cyrella s'était emparée de la queue-de-cheval qui battait la croupe du solide artisan. Accroupi devant son ouvrage, Arturo faillit tomber à la renverse sous la vigueur de la prise.

— Comment faites-vous pour avoir une chevelure aussi longue ET aussi brillante ? C'est prodigieux !

C'est bien ce que se demandaient aussi les autres élèves de *Sex & Cie* depuis le début de la matinée. Mais aucune d'entre elles n'avait osé poser une telle question… à un homme. Qui plus est un ouvrier. Seule la plus sophistiquée de ces dames avait franchi sans hésiter le double Rubicon – social et sexuel – qui les séparait d'Arturo.

Marie ne laissa pas à Ada le loisir de ricaner dans son dos et fusilla le « transgenre » d'un regard sans appel.

— C'est le miel, madame.

— Le miel ?! piailla Cyrella, comme si elle découvrait le mot.

— Le miel du Yucatán, le miel de mon village… C'est ma mère qui me l'envoie. J'en applique tous les matins.

Du pouce et de l'index, Cyrella fit un signe sans équivoque au-dessus de sa tête et George accourut aussitôt, muni d'un lourd portefeuille. Avec trois doigts, elle lui intima de remettre sans délai autant de billets de cent dollars au jeune homme qui levait vers elle des yeux incrédules.

— Vous m'en mettrez trois pots, vous êtes gentil…

Voilà comment fonctionnait Cyrella Walker. Elle n'avait plus depuis longtemps de relations avec les autres, mais pour l'essentiel des transactions. Tout se vendait, tout s'achetait ? Qu'à cela ne tienne, elle payait. Et grassement encore.

Ce qui saisit la nouvelle et prestigieuse élève de *Sex & Cie*, lorsqu'elle entra dans le hall du bâtiment principal :

- Les murs blancs, la propreté irréprochable, la décoration minimaliste, tout un ensemble qui rappelait que, dans un passé encore proche, les lieux avaient été l'une des cliniques esthétiques les plus en pointe de la région ?
- Le panneau d'accueil à l'intitulé énigmatique : « Bienvenue à *Sex & Cie*, Académie de Sexolistique ? »
- L'absence de bruit ou presque, n'était ce râle léger qui semblait s'élever à l'autre bout du couloir ?
- Le vide, aucune trace de présence humaine, si ce n'est la leur ?

Non, ce qui déconcerta Cyrella Walker, lorsqu'elle posa sa ballerine rose gainée de strass sur le marbre immaculé, comme tous les visiteurs qui le foulaient pour la première fois, ce fut l'omniprésence des préservatifs. Des capotes, des capotes et encore des capotes ! Là, dès l'entrée, dans de grandes vasques transparentes. Là encore, une rangée de distributeurs muraux. Mais aussi des lustres en capotes, des stores en condoms liés les uns aux autres par de fines attaches métalliques, des coussins recouverts d'étuis de préservatifs… Jamais de sa vie elle n'avait pu admirer une telle ode au dieu latex. Au moins le message était-il clair. « Pro-té-gez-vous ! » hurlait chaque centimètre carré.

Une injonction que lui confirma le règlement intérieur remis l'instant d'après par une Marie aussi affable que procédurière :

Article 1

Tous les rapports sexuels consentis au sein de l'établissement doivent impérativement être réalisés AVEC le port d'un préservatif masculin. Y compris les rapports entre deux partenaires réguliers. Hormis les préservatifs spéciaux proposés dans les distributeurs du hall, les modèles ordinaires sont à votre disposition, gracieusement et à volonté. Vous les trouverez aux points roses indiqués sur le plan ci-joint.

L'article 2 était bordé d'un trait noir comme si, en dépit de sa position hiérarchique, il devait retenir particulièrement l'attention des élèves :

Article 2

En aucun cas, et sous aucun prétexte, un rapport sexuel impliquant un élève et un membre du personnel enseignant, ne pourra être consenti au sein de l'établissement, sous quelque forme que ce soit (caresses, masturbation, rapports bucco-génitaux, pénétration). Tout contrevenant, élève ou enseignant, sera immédiatement et définitivement exclu de l'Académie, sans préavis ni dédommagement d'aucune sorte.

Cyrella parcourut les treize autres articles d'un œil distrait, un peu abasourdie par les conditions pour le moins déroutantes qu'on lui imposait, et que Marie lui demanda de contresigner séance tenante. « C'est l'armée ou l'école du plaisir ? » songea-t-elle en tortillant sa jupe courtissime sur le Skaï rose de sa chaise. Les formalités n'étaient pas finies pour autant puisqu'on lui demanda de remplir une fiche d'identité très détaillée. Elle esquiva volontairement la plupart des questions « trop indiscrètes » qu'on lui posait et se contenta du strict minimum.

Nom : Walker

Prénom : Cyrella

Date de naissance : 4 mai...

Profession : consulter mon avocat

Statut :

- ☑ Célibataire
- ☑ Marié(e)
- ☑ Divorcé(e)
- ☑ Veuve

Adresse : À quelle période de l'année ? Ça dépend...

Quel module de formation avez-vous choisi ?

☑ Formations continues :

- ○ 2 mois
- ○ 3 mois
- ☑ 6 mois

❒ Stages :

- ○ 2 jours
- ○ 4 jours
- ○ 7 jours

Modules libres

(forfait de modules à choisir parmi la liste des enseignements ci-jointe, sur une période indéterminée)

- ○ 2 modules
- ○ 5 modules
- ○ 10 modules

Libre accès aux équipements et appareillages de l'Académie

(accès total inclus dans les modules, stages et formations continues)

Donjon

Sauna

Piscine Aqua Kama Sutra

Salle des « toys »

Tables de massage

Cabines « câlins »

QU'ATTENDEZ-VOUS EN PRIORITÉ DE CETTE FORMATION ?
(ne cochez qu'une seule proposition SVP)

- [x] Améliorer ma sensualité et la perception de mon corps
- [x] Améliorer mes connaissances et mes techniques érotiques
- [x] Découvrir des pratiques qui m'étaient inconnues
- [x] Relancer ma libido et nourrir mes futurs fantasmes
- [ ] Améliorer ou relancer les relations sexuelles au sein de mon couple
- [ ] Me préparer à des relations sexuelles au sein d'un couple
- [x] Connaître un type d'orgasme que je n'ai encore jamais connu
- [x] Améliorer la qualité de mes sensations et de mes orgasmes

SIGNES PHYSIQUES PARTICULIERS
(susceptibles d'entrer en ligne de compte dans les rapports sexuels)

J'ignore comment vous êtes au courant, mais je
préfère ne pas en parler pour l'instant.
Si l'information venait à filtrer hors de ces
murs et à circuler dans la presse « people »,
je n'hésiterai pas à assigner votre établissement
que cela soit clair entre nous.

Comme vous pouvez le voir, la discipline n'avait jama
été le fort de Cyrella. Néanmoins, Marie ne broncha pa
lorsqu'elle prit entre ses mains la fiche de sa nouvelle aca
démicienne, remplie en dépit de ses consignes, et lourd
de menaces. Les « formation continue 6 mois » ne se ba
taient pas au portillon. Même fantasque, et même si ell
devenait un « nid à emmerdes » comme l'avait subodor
John quand il avait appris l'inscription de la millia
daire, Cyrella était une « 6 mois » qui avait payé l'int
gralité de sa formation avant le premier jour. 15 000
cash. En décodé : elle était intouchable, et méritait qu'o
lui passe tous ses caprices. Quels qu'ils soient.

— Vous me suivez, Cyrella ? l'invita-t-elle d'un mouvement de tête supposé engageant.

— Oui, mais… Je dois déposer tout ça, soupira-t-elle en désignant George, chargé d'une montagne de bagages.

— Ah, bien sûr… Ada va guider votre chauffeur jusqu'à votre chambre.

Le colosse en jupe violette rosit et étouffa un gloussement de pucelle, sous l'œil effaré du pauvre domestique enseveli dans la sellerie de luxe. Il-elle lui fit un signe de l'index, l'invita à le-la suivre, puis tourna les talons de manière à faire voleter jupon et chevelure de conserve.

— Quant à nous, reprit Marie à l'intention de Cyrella, je vous propose une immersion immédiate. Si vous en êtes d'accord, je vous envoie directement dans le grand bain !

— Bien, bien, souffla la nouvelle élève, soudain dans ses petits souliers.

— On en est où chez Fanny ? demanda Marie à un(e) Ada qui s'éloignait en ondulant de sa croupe *king size*.

— Vu l'heure, elle doit être en pleine « synchro ».

— OK, c'est parti pour la synchro.

— La synchro ? risqua Cyrella.

— La synchro, comment dire, c'est… oh le plus simple c'est que vous voyiez par vous-même.

Dans les romans un peu faciles, je suppose que vous l'avez remarqué, il suffit souvent qu'une porte soit poussée pour que le destin de l'un des personnages en soit à jamais bouleversé. Derrière, on trouve au choix un cadavre, un amour perdu de vue depuis vingt ans, son pire ennemi, ou son mari en pleine action avec une inconnue. Cyrella n'avait plus rien à craindre d'un strict point de vue conjugal puisque, après avoir épuisé trois époux légitimes, elle avait fichu dehors le quatrième trois mois plus tôt. Ce qui l'attendait dans la pièce que Marie ouvrit devant ses yeux éberlués n'avait rien à voir avec elle.

Rien de personnel, s'entend ; mais cela toucha au plus juste et au plus profond de son intimité.

« Synchronisation orgasmique. »

L'intitulé de la séance clignotait sur un défilant rouge. En dessous, plusieurs dizaines d'écrans plats étaient alignés sur le mur comme dans une régie TV. Devant, une jeune femme blonde, les cheveux ondulés, des seins parfaits – et de toute évidence naturels – moulés dans un justaucorps argenté. En face, huit ou neuf couples enlacés sur de simples tapis de mousse. Entièrement nus, bien sûrs. « Écoutez… sentez les vibrations circuler… laissez-vous envahir… », enchaînait d'une voix douce l'intervenante.

— C'est Fanny Lee, murmura Marie à l'intention d'une Cyrella pétrifiée. Elle supervise les ateliers d'orgasme féminin.

Sur les moniteurs, on pouvait voir autant d'hommes et de femmes en pleins ébats. En haut de chaque écran, étaient indiquées la ville et l'heure locale de leurs gros câlins. Les Santiago se prenaient dans une levrette vigoureuse, tandis que les Berlin semblaient embarqués dans un 69 à rallonge. Et dans le cas des Hokkaido, monsieur donnait de petits coups très rapides qui tiraient à madame des couinements suraigus, comme un petit animal qu'on étrangle. Les râles et les gémissements de toutes latitudes se mêlaient dans un seul élan orgasmique. C'est cette énergie, ce brouet tantrique, que Fanny voulait transmettre à ses élèves.

— Rita, Samy, on regarde un peu moins l'écran… Et Samy plus doux sur le mamelon, c'est pas le goulot d'une Bud'[1] !

---

1. Abréviation courante pour désigner la Budweiser, la plus populaire des bières américaines.

Pour un grand bain, c'était un grand bain. Une gigantesque piscine de phéromones et de libido. Et, ce n'est pas un vain mot, Cyrella la muette s'en trouva bien vite éclaboussée ; toute mouillée.

Fascinée un temps par les webcams, elle concentra ensuite son attention sur les couples de peau et de sueur qui s'étreignaient devant elle. Sans même s'en rendre compte, elle s'était assise sur la chaise en plastique que Marie avait tendue sous ses fesses. Jamais, non jamais elle n'avait vu tant de sexes, tant de poils, tant de ventres et tant de fesses se frotter les uns aux autres. Mais, surtout, elle n'avait jamais ressenti tant d'envies de jouir réunies, tant de ferveur. Après avoir léché les uns les autres d'un regard avide, elle ne quitta plus des yeux le sexe hors normes d'un homme entre deux âges, sec et pour tout dire pas très beau, le dos constellé de taches de rousseur et les épaules aussi velues que son crâne était pelé.

Le portable de Marie retentit. Sur l'écran, le prénom « JULIET » clignotait en cadence, au rythme de la sonnerie. Embarrassée, elle refusa l'appel.

— John Samuels, commenta encore Marie, revenant à son invitée de marque. Les Samuels ne sont pas des élèves. C'est notre couple de « modèles » n° 1. Ils font des démos dans tous les principaux ateliers.

— Modèles ? Quels modèles ? bredouilla Cyrella.

— Comme vous le savez les profs ne sont pas autorisés à donner l'exemple avec les élèves. C'est pour ça que nous avons des modèles... Comme dans un atelier de dessin, si vous voulez !

L'agilité, la sensualité et l'intensité des Samuels auraient filé des complexes aux plus délurés d'entre nous, vous pouvez me croire. Ils devaient en effet jouir d'un statut privilégié, car Cyrella constata, au milieu de son trouble, qu'ils étaient les seuls à déroger à la règle de la sainte capote. Assis à même le sol, prenant sa femme sur ses cuisses, John l'embarqua dans un lotus puissamment chaloupé, chaque ondulation apparaissant comme une nouvelle vague de plaisir. Si Fanny avait commenté leur effusion, elle aurait sans doute insisté sur le fait que la faible profondeur de la pénétration était largement compensée par le frottement répété du clitoris de Harriet Samuels. Pourtant, ce qui frappait chez les Samuels, c'est que leur manière de faire l'amour, aussi virtuose fût-elle, n'avait rien de technique. On ressentait chez eux un désir débordant, plus fort que tout, mais jamais plus fort qu'eux et leur soif de jouir et de faire jouir l'autre. Mais Fanny préférait se pencher sur le cas de certains élèves, de toute évidence moins doués.

« Je veux ce sexe en moi… Je veux ce sexe en moi… Je veux ce sexe… », psalmodiait Cyrella, comme un mantra.

« Biiiiip. » Au milieu des cris et des « plus fort ! », le bruit fut tout juste perceptible. Au-dessus de la porte, une lumière rouge avait accompagné le signal sonore. Marie ne sembla pas surprise et se leva aussi sec. Cyrella apprendrait plus tard que toutes les salles de *Sex & Cie* étaient équipées du même dispositif. Excepté John et Marie, personne n'entrait dans une pièce sans en demander ainsi l'autorisation. On actionnait le bouton à droite de la porte, puis on attendait sagement que l'on vous ouvre.

De l'autre côté de la porte, ce matin-là, il y avait John. Presque aussi blanc que son débardeur.

— Ça vient du Tribunal du Comté, lui dit-il d'une voix blanche, en lui tendant une enveloppe. Tu parles d'un cadeau de Noël…

— Tu l'as ouverte ?

— Non, c'est un recommandé adressé à toi, nominativement… Il lui faut ta signature, ajouta-t-il en désignant le postier dans son dos d'un geste du pouce.

Marie émargea rapidement avec le stylo qu'on lui tendit, et décacheta le pli avec la même prestance. Elle avait l'habitude. Si John était l'âme de cette Académie, il était clair pour tous, y compris au sein de leur couple, qu'elle en était la tête. Elle releva un visage sans vie vers son mari et ne prononça qu'un seul mot. Ou plutôt un seul nom :

— Amanda… !

Chapitre 2

Une semaine plus tôt à Essex Park, un quartier résidentiel de Verona…

Il y a trois choses auxquelles Amanda Dichs vouait une foi inébranlable : la recette du chou farci aux framboises de sa grand-mère Alberta, « l'amour de Jésus-Christ notre Seigneur tout-puissant pour chacun d'entre nous », et le pouvoir symbolique des chiffres. De fait, chaque matin, au saut du lit, Amanda jetait un œil au calendrier posé sur sa table de nuit et méditait quelques instants sur le chiffre ou le nombre que Dieu avait bien voulu nous donner en ce jour béni. C'est pourquoi elle était si énergique aux répétitions de chorale de la paroisse les jours 1, 11, 21 et 31, et si chagrine avec les enfants du voisinage qui balançaient leur ballon dans ses parterres composés en roses de l'Oregon, les jours 9, 19 ou 29. Elle entreprenait volontiers toute sorte de choses les jours 5, 15 ou 25, et parachevait ses œuvres, quelles qu'elles soient, les jours 8, 18 ou 28.

Elle avait même animé quelque temps l'atelier « Numérologie et virginité jusqu'au mariage » de sa congrégation, avant de rendre le tablier quand une jeune femme blonde à la beauté parfaite, Loretta Hitchcock, avait réussi à convaincre l'auditoire que le « 69 », qui permettait de découvrir le corps de son partenaire « dans l'amour de Dieu, évidemment » et par-dessus tout sans perdre sa précieuse virginité, était bien le nouveau nombre fétiche des couples chrétiens d'aujourd'hui.

Ce jour-là, nous étions un 25 novembre, comme ne le disait pas le temps radieux qui chauffait Verona d'une lumière divine, et elle décida qu'il était temps pour elle de passer à nouveau à l'action. Et quand bien même nous aurions été le 11, le 17 ou le 26, Amanda Dichs, la plus éminente représentante de l'Église de l'Enfant Sauveur dans cette communauté de quelque quinze mille âmes et autant de pécheurs, ne voulait plus perdre un jour, un seul jour, dans la lutte contre le mal qui gangrenait SA ville.

Car Amanda les avait tous dénombrés depuis le premier. Depuis ce samedi de début 2007, quand… oh, elle ne voulait même pas y penser, tiens. Elle préféra compter combien d'aubes s'étaient levées depuis lors sur cette abomination, dont elle ne prononçait le nom complet qu'à grand-peine. D'ailleurs, c'est bien simple, elle préférait éluder le premier terme et résumer l'intitulé à sa seconde et très générique proposition : « Compagnie »… Cela faisait très exactement 659 jours. Alors, elle fut transpercée d'une intuition qu'elle, la numérologue émérite, la chrétienne irréprochable, ne pouvait passer sous le silence de sa conscience : dans sept jours, dans une semaine tout juste, cela ferait 666 jours que « l'Académie, comme disent ces gens », aurait ouvert ses portes. 666. Qui pouvait ignorer le sens de ces trois chiffres ainsi accolés ?

On choisit rarement le lieu et l'instant où ce genre de fulgurance s'invite. Amanda, cette fois-ci, descendait l'escalier intérieur de sa coquette villa de couleur parme, l'une des plus pimpantes de Montrose Avenue, dont elle aurait pu maculer le plancher blanc du rez-de-chaussée de sa cervelle, si un hasard plutôt heureux n'avait accroché sa chemise de nuit à un moyeu métallique qui saillait de la rambarde. 666 ! C'est miraculée, à demi nue, et tout à fait inconsciente d'être l'une et l'autre, qu'elle entra dans la cuisine. « Bonjour… »

Il y a trois choses qu'Amanda ne manquait jamais de faire chaque matin. Prier le Seigneur, cela va sans dire. Inspecter son « temple[1] » sous toutes les coutures, dans la glace en pied de la salle de bains, après s'être dûment aspergée d'eau glacée. Dévorer une demi-douzaine de pancakes à la confiture d'airelles. Quant à l'autre demi-douzaine qu'elle confectionnait avec le même soin... elle partait systématiquement à la poubelle. Depuis bientôt dix ans, plus personne dans la cuisine ne répondait au « Bonjour » matinal d'Amanda Dichs.

Comme vous l'avez sans doute déjà compris, beaucoup de choses fonctionnaient par lots de trois chez Amanda. Était-ce un effet sur elle de la sainte Trinité ? Était-ce parce qu'elle était née elle-même le 3 mars 1963 (03/03/63) ? Ainsi toute action un peu sérieuse se devait selon elle de respecter trois temps :

Temps 1 : je définis un objectif raisonnable.
Temps 2 : je réunis les moyens nécessaires.
Temps 3 : je passe à l'action dès que le contexte me semble favorable.

L'objectif qu'Amanda se fixa ce matin-là était on ne peut plus raisonnable : réduire ces mécréants de la « Compagnie » en miettes. Les moyens lui semblaient illimités, puisqu'ils étaient ceux que lui ouvrait sa foi. Quant à l'instant, il serait propice si elle le décidait, non ?

Revenue devant son miroir, elle retira les lambeaux de dentelles qui la couvraient encore et inspecta ce qu'elle voyait. Malgré sa quarantaine bien pesée, elle pouvait être fière du travail accompli au nom du Seigneur : « Je t'offre cette poitrine, mon Dieu », des seins hauts et fermes, qui n'avaient jamais été déformés par

1. Comprendre son « corps ».

les grossesses et l'allaitement, et dont les mamelons pointaient dans la fraîcheur qui coulait par la fenêtre entrouverte ; « Je t'offre ce ventre », un ventre aussi plat qu'on peut l'avoir à cet âge, sans mollesse ni vergetures, qu'elle entretenait au prix de plusieurs séances d'abdos chaque semaine ; « Je t'offre ces jambes », des cuisses finement galbées, assez minces pour laisser passer entre elles le souffle de l'Esprit-Saint. Chaque jour, Amanda accueillait en elle la volonté de son Dieu, et feignait de ne pas remarquer une autre volonté, plus sourde, qui grondait pourtant de son pubis jusqu'au creux de ses reins. Une volonté qui n'était plus depuis belle lurette celle d'Arthur. Depuis quand Jésus-Christ était-il son seul amant ? Voilà la question qu'elle refusait obstinément de se poser.

Mais dans le monde ternaire d'Amanda Dichs, professeur-catéchiste dans la plupart des établissements scolaires privés de la ville, il n'y avait pas que des convictions, de vieilles habitudes et une méthode. Il y avait aussi des secrets... Trois secrets. Je parierais que vous l'aviez deviné !

Midi et des poussières, le même jour, au comptoir du Romeo's

« Billy, tu me remets ça, tu veux bien ? » Le barman au bouc roux proéminent leva un œil contrarié, sans lâcher pour autant le verre humide et le torchon qu'il avait constamment greffés dans les mains. À peu de chose près, quelques détails capillaires notamment, on aurait dit Mo', le tenancier acariâtre des Simpsons. Et puis, chacun le savait ici, Billy était un gentil. D'où le succès jamais démenti de son établissement, à la déco et à la propreté pourtant tout ce qu'il y a d'approximatives.

— Tu veux pas manger un peu, ma belle ? Tu sais, à cette heure-là, ça arrive aussi à des gens très bien. Juste une petite faim, comme ça...
— Fais pas chier, Billy... Juste une petite fois, comme ça.
— Allez, laisse-toi tenter, je te bricole un truc léger, une Chicken Caesar pas trop arrosée de sauce.
— Arrose-moi ça, déjà... fit la beauté blonde entre deux âges qui tendait son verre sous le nez du patron.

Billy Bross obtempéra. Il obtempérait toujours. Après tout, saouler les poivrots et leur faire juste ce qu'il fallait de morale, c'était son job. Avec ça, sa conscience était sauve et son affaire prospère. En versant le bourbon sur les deux glaçons en voie de réchauffement alcoolique, il ne put s'empêcher de glisser son regard sur le décolleté magnifique de la fille. « Un sacré beau brin de fille », comme on disait dans le jargon standard qu'il avait acquis en même temps que le bar. Une vraie pitié de la voir dans cet état à cette heure-là.

— Tu devrais pas te flinguer comme ça, Sam...
— Sasam ? plaisanta Samantha.
— Très drôle, très drôle...

C'était l'heure des habitués, au *Romeo's*. Les mêmes trois quatre types, tous les jours, qui sirotaient leur cirrhose en silence. La présence d'une femme parmi eux était presque un événement en soi, plus encore un aussi joli spécimen. Ils la reluquaient gentiment, sans mots déplacés ni gestes malheureux. Elle était juste un petit zeste d'acidité coquine sur leur langue tannée par l'alcool. Mais qu'une seconde femme pousse la porte et s'attable au milieu de leurs habitudes, là c'était carrément exceptionnel.

Le premier secret d'Amanda Dichs

Elle avait commencé à taquiner la bouteille dès le départ d'Arthur. Comme tout ce qu'elle entreprenait, elle l'avait fait de manière méthodique et contrôlée. C'est sans doute à cela qu'elle devait d'avoir sauvé malgré tout sa ligne et un teint qui ne trahissait que fort peu le Jack ou le J.-B.

Elle venait toujours à l'heure la plus creuse, c'est-à-dire jamais le soir et jamais le week-end, dans ce bar qui était l'un des plus éloignés de Montrose Avenue, dans la catégorie « fréquentable ».

Un signe discret de la main avait suffi pour que Billy lui apporte son « double » dans le recoin de la salle, derrière le jukebox monumental et hors d'usage, derrière lequel elle se planquait toujours.

— C'est qui, elle ?

— Tu déconnes ?

Billy roula des yeux incrédules.

— Pourquoi ça ? bredouilla Samantha, qui tenait moins bien la cadence que ses compagnons du moment.

— Me dis pas que tu connais pas Amanda ?

— Amanda... Dichs ?! s'exclama-t-elle en gonflant sa poitrine, pour le plus grand plaisir de Billy.

— Elle-même, beauté, le pire ennemi de tes ex-patrons, lui sourit-il en retour.

Samantha n'en attendit pas plus pour tituber jusqu'à sa table. Elle se planta devant le chemisier à fleurs et lui décocha un sourire vulgaire qu'Amanda détesta aussitôt. Au nom de son amitié pour John et Marie, Billy regretta sur-le-champ d'avoir aussi facilement craché le morceau, mais c'était déjà trop tard...

— Vous et moi, on a des trucs à se dire.

— J'en doute, répliqua sèchement son aînée.

— *Sex & Cie*...

Amanda frémit à cet énoncé. La fille était jolie mais, à son goût, habillée comme une vraie prostituée : le minishort en jeans effrangé, le string rose qui dépassait, les bottes de cow-boy, le maquillage… Comment un « temple » aussi beau que le sien pouvait-il ne se consacrer qu'à l'alcool, s'abandonner à des tenues outrancières, se vautrer – elle ne doutait pas une seconde – dans la plus crasse des luxures ?

— Et alors ?
— J'ai travaillé pour eux, lâcha Samantha, sûre de son effet.
— En quoi ça me…
— Jouez pas votre pétasse coince-duc avec moi ! la coupa net son interlocutrice, qui s'était assise d'autorité face à elle. Je sais très bien qui vous êtes… et ce que vous cherchez.

Si Amanda avait jeté son dévolu sur le *Romeo's* depuis deux ans, si loin de chez elle, et si proche d'autre chose, ce n'était pas totalement le fruit du hasard. Sans se l'avouer, elle espérait ce moment-là. Et voilà, c'était là, c'était maintenant. Le temps 1 et 2 réunis : j'écrase les Pellegrino comme des mouches ; cette traînée me les apporte sur un plateau. Ne pas s'emballer devant cette fille, surtout ne pas s'emballer devant cette fille !

— Je cherche quoi, selon vous ?
— À niquer les Pellegrino, pour faire sobre.
— Admettons, pour faire sobre aussi, répondit Amanda avec un frétillement d'aise qu'elle eut du mal à contenir. Et en quoi ça peut vous concerner ?
— On se connaît, toutes les deux, non ? biaisa Sam.
— Il y a peu de chance.
— Si, si, on se connaît, je sais pas d'où, mais…
— Pellegrino, recadra Amanda sans ménagement.
— OK… J'ai été « modèle » chez eux, pendant six mois.
— Quand ça ?

— J'ai arrêté il y a un peu plus d'un an.
— Et depuis ?
— Ben, ça se voit, non ? Je galère…

La première anecdote de Samantha Baker souleva le cœur d'Amanda, mais il lui fallait bien boire la coupe de son témoignage jusqu'à la lie, si elle voulait fourbir ses armes. Quand Samantha était arrivée à *Sex & Cie*, elle avait déjà « quelques heures de vol » comme on dit, et ne trouvait plus que des huitièmes rôles en « triple péné » dans des productions X pas très glorieuses, et de plus en plus mal rémunérées. Faire l'amour de manière systématiquement protégée, avec des partenaires pas tordus et à des fins pédagogiques lui était apparue comme une sorte de rédemption, et elle avait répondu aussitôt à l'annonce. Et fut engagée aussi sec, si l'on peut dire.

Le quotidien était un peu moins rose que ça : les séances de « pose » interminables ; les modèles masculins moins beaux et moins frais que dans le porno, eux aussi ; les horaires anarchiques ; la quasi-obligation de prendre son pied pour de bon, à chaque fois, pour que les connasses friquées et les vieux bande-mou présents dans la salle de cours comprennent bien ce qu'il fallait faire. Et puis, en proportion, la pire production gonzo[1] était une aubaine financière. Samantha s'était habituée à un certain train de vie et elle émargeait désormais à peine plus qu'une assistante en puériculture.

Très vite, pourtant, elle comprit qu'elle pouvait arrondir ses fins de mois sans trop se casser le cul. Façon de parler, puisqu'il s'agissait justement de le louer de temps à autre à l'un des stagiaires de sexe mâle, ceux qui arrivaient à la conclusion, après quelques jours de formation, que le problème de leur couple résidait moins dans

1. Sous-genre du cinéma X qui enchaîne les scènes de pénétration quasiment sans scénario.

leur technique, l'ouverture de leurs chakras ou encore la taille de leur sexe, que dans la frigidité chronique de leur bourgeoise.

Franck, par exemple, était doté d'une bite énorme. Un calibre à faire saliver jusqu'aux hardeurs les mieux pourvus. Et endurant avec ça. Ils se retrouvaient tous les soirs dans l'une des cabines « câlins » en libre accès, tandis que Madame, déjà sortie du vestiaire, sirotait une tisane relaxante aux herbes à la Sexeteria de l'Académie. Le temps imparti se résumant à pas grand-chose, ils allaient tout de suite à l'essentiel. Après tout, elle mouillait depuis des heures et lui s'était échauffé les esprits toute la journée. Fin prêts pour un *quickie*[1] en bonne et due forme. Pour gagner du temps, ils variaient peu les positions. Franck appréciait tout particulièrement la levrette, gage de pénétration très profonde, où son sexe prenait – comment dire ? – toute sa dimension.

Pour Sam, dès la première fois, ce fut une révélation. Malgré la barrière du latex, elle sentit très distinctement les rondeurs du gland effacer les parois contractées de son vagin. Ah, mon dieu, ce Franck savait y faire ! Sciemment, il engageait chaque centimètre de son pénis au ralenti, un pouce en arrière, puis à nouveau plus profond, l'extrémité de son engin agissant moins comme un foret que comme un outil de massage, grondant à l'intérieur d'elle, élargissant encore ce qui l'avait été mille fois avant lui. Lorsqu'il eut introduit la totalité de son sexe, elle poussa un cri muet, la bouche grande ouverte, les yeux papillonnant malgré elle. Elle qui s'était toujours définie comme un « pur produit de l'école clitoridienne », elle connut ce jour-là, et bien d'autres fois par la suite, non seulement son premier véritable orgasme vaginal, mais encore un orgasme rare. Celui du cul-de-sac vaginal. Sans aucun va-et-vient, il parve-

1. Ce que l'on qualifierait, en français, de « petit coup rapide ».

nait à faire vibrer son sexe en cadence, caressant ledit point jusqu'à ce qu'il capitule. Un truc de dingue. Un truc d'expert.

— J'ai jamais compris ce que ce type fichait dans une école pour apprendre à baiser. C'était un dieu vivant, c'était le super-héros de la baise, c'était Biteman !

— Bien, bien, je crois que j'ai compris... l'interrompit Amanda.

— Une vraie tuerie ce type, j'ai jamais connu mieux..., conclut la blonde en secouant ses glaçons dans son verre, soudain nostalgique.

— Les Pellegrino étaient-ils au courant de ces... de vos agissements ?

— Officiellement... non.

— Vous êtes sûre ? s'enquit Amanda avec un air déçu.

— Ils n'en ont jamais parlé, si c'est ça que vous voulez savoir. Ni à moi, ni à personne d'autre à l'Académie, à ce que je sais.

— Mais, au final... Ils vous ont virée, non ?

— Non, ça s'est pas passé comme ça. Ils l'ont joué beaucoup plus finement. J'avais un CDD, ils ne l'ont pas renouvelé, point barre.

— Hum... Ils l'ont justifié ?

— Oh oui, c'est très simple. À l'époque leur business démarrait, on ne se bousculait pas vraiment pour apprendre à tringler ou à se faire...

— Compression de personnel, intervint Amanda.

— Ouais, c'est ça, c'est ça. On m'a bien pressé le con... puis compressée.

Amanda ne releva pas le trait d'humour pitoyable. Que fallait-il espérer d'autre, avec ce genre de fille ? Du Woody Allen ? On avait beau être à moins d'une heure de voiture de New York, elle s'étonnait toujours du manque de sophistication des habitants du cru. Quelle bande de ploucs, dans l'ensemble !

— Vous z'étiez pas à L.A. dans les années genre 1998, 1999... ? insistait Samantha.

— Non... enfin si, c'est possible, avec mon ex-mari nous... enfin ce n'est pas le sujet !

— Mouais... Enfin moi je dis qu'ils s'en sortent bien parce que j'aurais largement pu porter plainte, ou un truc comme ça, fanfaronna-t-elle.

— Contre qui ? La Compagnie ? Mais vous venez de me dire...

— Nan, je parle pas du contrat... je parle du viol !

— Le viol ? ! s'étrangla Amanda avec sa gorgée.

— Enfin, disons qu'ils m'ont chopée à deux, qu'ils m'ont pas payée... et que pour une fois, j'étais comme qui dirait pas super chaude. Moi j'appelle juste ça « la vie »... mais c'est moi.

L'un de ses deux « agresseurs » lui avait donné un rendez-vous de fin de journée, comme elle les pratiquait désormais presque tous les soirs. C'était la deuxième anecdote de la jeune femme et Amanda décréta à ce moment-là qu'elle n'en supporterait pas une troisième. C'est dire...

Les deux types étaient entrés masqués, deux loups noirs qu'ils avaient empruntés dans la salle des « toys », où tous les accessoires étaient en libre-service. Elle perdit son sourire lorsqu'elle comprit ce qui allait se passer. Sans un mot, le plus baraqué des deux lui saisit les cheveux et la fit choir de la table de massage sur laquelle elle était juchée. Il pénétra sa bouche d'autorité et, le poing toujours serré sur sa nuque, il faisait aller et venir sa tête sur son sexe, comme s'il s'agissait d'un vulgaire « toy » à masturber. Il avait du déjà jouir plusieurs fois dans la journée, au cours d'exercices, si bien qu'il lui fallut de très longues minutes avant d'éjaculer de nouveau. Plus l'échéance semblait reculer, et plus sa paume se faisait pressante sur la tête de Samantha, plus il engouffrait sa verge loin dans sa gorge, portant la fille aux limites de la suffocation.

Pendant ce temps, le second s'était agenouillé derrière elle et, sans préavis, la sodomisa. Sur ce versant aussi, elle ressentit leur envie manifeste de la souiller, de prendre du plaisir non seulement en elle mais contre elle. Comme s'ils voulaient la punir. À un moment, celui qu'elle suçait fit signe à l'autre et ils échangèrent leurs positions, sans respecter les consignes d'hygiène que les enseignants de *Sex & Cie* leur répétaient pourtant à longueur de journée.

— Le pire, c'est que je crois que j'ai un peu joui...
— Mais enfin... pourquoi ?
— Pourquoi j'ai joui ?
— Non ! Ces hommes...
— Oh, une sombre histoire de sous, j'ai pas tout compris.
— Vous leur deviez de l'argent ?
— Non... Mais apparemment une bonne âme est allée leur dire que mes « prestations » étaient comprises dans le prix de l'inscription, que c'était convenu entre les Pellegrino et moi. En les faisant raquer une seconde fois ils ont cru...
— Que vous les arnaquiez ?!
— Voilà.
— Et ils vous l'ont fait payer.
— On peut dire ça comme ça.
— À part vos « clients », qui était au courant de votre petit commerce ?
— Je sais pas bien.
— Les Pellegrino ?
— Non, vraiment, je pense pas...
— Vous savez qu'aux yeux de la loi, ils sont autant responsables que vos agresseurs. Cela s'est passé dans leur établissement. En tant que vos employeurs, ils se devaient d'assurer votre sécurité.
— Hum..., opina mollement Samantha, pas très convaincue.

— Non seulement vous pourriez les poursuivre… mais vous devriez !

— Vous croyez ? gémit-elle, avec une mine de « oups, j'en ai trop dit ».

— Oui ! Et qui vous prouve que la « bonne âme » comme vous dites, celui ou celle qui vous a dénoncée, ce ne sont pas vos employeurs eux-mêmes ?

— Ben, je vois pas l'intérêt, de toute façon mon contrat était fini…

— Pour vous punir, pour faire peur, que sais-je ? Apparemment vous êtes une femme très… « douée » pour ce genre de choses, Samantha. Peut-être ont-ils craint que vous ne montiez une école concurrente, que vous ne détourniez leur clientèle !

— Peut-être…

— D'après ce que vous m'avez dit, leurs affaires n'étaient pas florissantes, à ce moment-là.

— C'est vrai.

Amanda savait s'y prendre pour circonvenir son interlocuteur. Elle savait lui sucer la moelle comme Samantha savait tourner sa langue autour d'autres organes. Le résultat escompté était le même : acquérir l'autre à sa cause, lui faire perdre ses moyens et sa liberté de penser.

— Samantha, murmura d'une voix douce Amanda, lui saisissant la main comme elle l'avait appris dans un stage de PNL[1]. Seriez-vous prête à répéter tout ce que vous venez de me dire devant un tribunal ?

— Je… je sais pas.

— Je sais que ce n'est pas une décision facile à prendre. Réfléchissez.

La pornographe scruta la catéchiste un bon moment, lapant la dernière goute de liquide brun dans son verre.

1. Programmation neuro-linguistique.

Pour la première fois depuis son arrivée au *Romeo's*, Amanda prêta attention à la musique, un vieux blues vieilli en fût de chêne dont on se demandait sur quelles ondes Billy parvenait à le capter.

— Je sais !
— Oui ? lui sourit son interlocutrice, pleine d'espoir.
— C'est dans ce truc de branques que je vous ai vue !
— ... que vous m'avez vue ?
— Le film de cul pour les cathos !
— Je ne suis pas catholique, fut la seule réponse que trouva Amanda sur le moment.
— Si ! Si, je suis sûre, vous étiez la consultante de l'église machin-chose, c'est ça ! Oh quelle poilade ce truc, vraiment, je m'en souviens bien.
— Écoutez, je ne vois pas du tout...
— Même que vous étiez rousse à l'époque, non ?

Le deuxième secret d'Amanda Dichs

En effet, Amanda n'avait pas toujours eu cette magnifique crinière noire qu'elle teignait chaque semaine avec tant de soins. Une dizaine d'années auparavant, elle s'était essayée au roux, tendance auburn, « châtaigne » comme le vantait l'emballage de la coloration. Quant au reste des allégations de Samantha...

... Amanda bondit de sa chaise, livide. D'une voix vacillante, qui grimpait par instants dans les aigus, elle soutint l'échange aussi crânement qu'elle le put et tendit une carte de visite marquée d'une croix noire, très discrète.

— Je pense... Je pense que vous savez ce que vous avez à faire maintenant. Appelez-moi quand vous serez décidée.

Le Temps 3 était-il venu ? Rien n'était moins sûr. Et, pourtant, c'est une Amanda Dichs plus remontée que jamais qui sortit en zigzag du *Romeo's*, sous un soleil qui écrasait son ombre sur le sol. Le soleil noir et implacable de la justice. Enfin, c'est comme ça qu'elle voyait les choses…

Chapitre 3

Le 2 décembre, dans l'aile des stagiaires résidents de Sex & Cie

Pour sa première nuit à *S & C*, Cyrella n'avait vraiment pas bien dormi. « Pas bien du tout, même. » Elle s'en plaignit à Ada qu'elle n'avait pas tardé à prendre en sympathie – ce qui, chez elle, revenait à dire qu'elle l'avait choisi d'office comme souffre-douleur et bonne à tout faire. Comme elle se plaignit, dans le désordre, de la couleur des rideaux de sa chambre, de la taille ridicule de cette dernière, de l'orientation du lit à l'intérieur de la pièce, de tous ces détails qui faisaient, à son sens, que ce « lieu n'avait rien, mais alors rien de feng-shui », et qu'elle ne pouvait envisager de passer les six prochains mois dans un espace de vie aussi contraire à son éthique et à l'harmonie de ses ondes.

— Non mais franchement, comment voulez-vous que j'aie la tête à baiser dans un bouge pareil ?!

Ne parlons même pas de la déco, car Cyrella serait cruelle s'agissant de celle de sa chambre, et vous ne conserveriez d'elle que l'image d'une affreuse snobinarde de Park Avenue. C'est à peine si elle avait remarqué les trois pots de miel commandés la veille à Arturo, déposés sur la table du coin salon, ainsi que l'adorable calendrier d'Avent disposé sur sa table de nuit, chaque fenêtre – deux à ce jour – s'ouvrant sur un petit chocolat au lait en forme de fesses, de seins, de verge ou de vagin.

Pour se remonter le moral et ne pas sangloter à la vue du papier gaufré de couleur pêche qui couvrait les murs, elle avait pris tout son temps pour ranger ses effets dans les deux armoires « riquiquiteusement petites » qui lui étaient allouées. Elle mit un soin tout particulier à défroisser et plier sa lingerie, dont elle avait emporté l'un des plus jolis assortiments qu'ait choisis et achetés pour elle Alice Ridgewald, sa relookeuse du moment. Ce « package de voyage », réduit à sa plus simple expression, comprenait notamment :

– 10 strings nacrés La Perla ornés chacun sur la face avant d'une perle véritable de Tahiti.

– 10 soutiens-gorge balconnet assortis.

– 10 tanga champagne Victoria Secret réalisés spécialement à ses mesures sur la base de la collection exclusive « soie rare de Chine ».

– 10 soutiens-gorge push-up assortis.

– 5 shorty noirs Agent provocateur.

– 5 shorty roses Fifi Chachnil.

– 3 guêpières Chantal Thomass.

– 3 nuisettes et 3 brassières Chantal Thomass 100 % transparents de la collection « Vapeurs ».

– 3 ensembles string et soutien-gorge « maillot de bain » issus de la même collection.

– 3 porte-jarretelles Chantal Thomass et les bas voiles assortis.

– 2 strings « ultra slims » qui se résumaient peu ou prou à trois bouts de ficelle.

– 2 soutiens-gorge « seins nus » achetés dans un sex-shop de Londres qui ne reçoit sa clientèle que sur invitation.

– 2 culottes brésiliennes avec ouverture verticale sur la face avant.

– Une culotte-harnais avec points de fixation pour un gode-ceinture.

– 10 ensembles de bain noirs Eres, comprenant chacun culotte, string et haut en trois formes de bonnet.

– 20 culottes en coton blanc, gris souris et noir American Apparel.

– 20 soutiens-gorge bandeau en coton blanc, gris souris et noir American Apparel.

Sans compter bien sûr ce ravissant ensemble noir en dentelles, string et soutif ajouré, qu'elle lança à la volée à Ada, comme s'il s'agissait de sa femme de chambre ou de sa blanchisseuse, s'exhibant devant le colosse à tout faire de l'Académie comme on se dépoile devant ses domestiques, c'est-à-dire sans aucune pudeur ni retenue. Ce que Cyrella ne sut jamais, c'est que les deux pièces de lingerie, encore chaudes et odorantes, finiraient leur office, quelques secondes plus tard, dans la poche d'Ada. Et ne la quitteraient que pour se voir enfermer dans le plus secret de ses tiroirs, la où seul(e) il-elle pourrait dorénavant les toucher et les humer à loisir.

À fétichiste, fétichiste et demi...

C'est une main effleurant l'entrejambe soyeux du string de Cyrella, qu'Ada écoutait débattre ses patrons bien-aimés. « Oooh-gasmique » criait la pulpe de ses doigts. Pourtant, ce qui lui restait de discernement comprenait bien à quel point l'heure était grave. Les années n'avaient en rien émoussé son dévouement à Marie, et plus encore à John, qui flirtait parfois avec la dévotion.

— Cette fois, c'est vraiment la merde..., crissa John entre ses dents.

— Merci, oui ça au moins c'est constructif comme remarque, ça nous aide carrément !

— Que veux-tu que je te dise ?

— T'as appelé Mark ?

— Dix fois ! Il est en plaidoirie... injoignable.

— Injoignable, injoignable… tu vis en 1912 ou quoi ? Personne n'est injoignable ! houspilla Marie en dégainant son portable.

« Bonjour, Mark Robinson, avocat à la cour, je suis actuellement indisponible… », leur débita mécaniquement sa boîte vocale…

— Indisponible ça te va mieux ? persifla John.

D'aussi loin qu'Ada se souvienne, ces deux-là avaient toujours joué à chien et chat. C'était comme ça, c'était leur équilibre. Il fallait qu'ils se chamaillent chaque jour leur content, que les circonstances soient dramatiques comme ce jour-là, ou qu'elles se résument aux mille et une secousses, plus anodines, de la vie à deux. Et si Marie prenait habituellement l'ascendant sur son époux, si selon l'expression même de ce dernier elle portait le « string à couilles » de leur couple, John gardait toujours le buste, les biceps et la queue haute. Jamais sa sacro-sainte virilité n'était mise à mal. Mine de rien, elle y veillait. Sans se l'avouer, elle en avait besoin.

Un soir de biture dans un rade de Brooklyn, copie locale et quasi conforme du *Romeo's*, John avait raconté à Ada leur première fois, à Marie et lui. « Si vous ne m'arrachez pas tout de suite cette blouse immonde et que vous ne me faites pas l'amour, je crie assez fort pour réveiller ceux qui dorment encore ! » Tels furent les premiers mots que Marie prononça lorsqu'elle découvrit ce bel inconnu allongé à côté d'elle, dans une salle de réveil au Mount Sinaï[1]. Enfin, c'est ce qu'elle aurait pu dire si elle avait été plus délurée. C'était la version officielle. La vérité, c'est qu'elle avait poussé un grognement de bête et tenté un vague sourire poli entre les bandelettes qui

1. Mount Sinaï Hospital, l'un des plus grands hôpitaux de New York.

momifiaient son visage. Il avait répondu d'un clignement d'œil hébété, encore assommé par le cocktail de sédatifs, et ce n'est qu'un bon mois plus tard, sur le sofa café-crème de son « *one bedroom*[1] » du Upper West Side, que les choses avaient dérapé. Pour tout dire, à l'époque, l'un et l'autre n'étaient pas si à l'aise que ça avec leur corps, pas plus qu'avec la notion même de désir. Faire l'amour, là, juste après les opérations lourdes qu'ils avaient subies l'un et l'autre n'allait pas vraiment de soi. Mais pour tout un tas de raisons que vous comprendrez bien assez tôt, à commencer par le mythe fondateur de *Sex & Cie*, qu'ils avaient échafaudé sur les conseils de Mark Robinson, il valait mieux s'en tenir à la première version. « J'ai arraché ma perfusion, je me suis jeté sur elle… On a joui comme des castors ! »

Ah, les débuts, il est souvent préférable de les réécrire, croyez-moi. Que leur avait dit Amanda Dichs, déjà, la toute première et unique fois qu'ils l'avaient rencontrée ? « Bienvenue à Verona, c'est une joie pour moi de vous accueillir ! Personnellement, je ne suis pas concernée par votre enseignement, mais je suis certaine que vous allez offrir tout le bonheur possible à ceux et celles qui s'inscriront chez vous. »

Ou plutôt, si l'on s'en tient à ce que consignèrent les quelques témoins de l'événement : « En enfer ! En enfer ! En enfer et loin d'ici ! Verona, c'est l'amour, pas la porno… graphie ! En enfer ! En enfer ! En enfer et loin d'ici ! » Elle avait mobilisé une bonne trentaine de militantes anti-avortement et autres adeptes de l'Enfant Sauveur, que des femmes, qui tournaient sans arrêt sur le trottoir, leurs slogans brandis à bout de bras. Les trois premiers jours, elles s'étaient relayées sans discontinuer,

---

1. Aux États-Unis la taille des appartements ne s'exprime pas en nombre total de pièces mais en nombre de chambres, un « *one bedroom* » (une chambre) correspond donc en principe à un deux pièces.

dissuadant les rares curieux de franchir leur rideau et de grimper les quelques marches qui conduisaient au perron. Marie avait eu toutes les peines du monde à retenir Ada « d'exploser ces chattes congelées à l'âge de glace ». Elle s'attendait à ça. Patience, patience, elles finiraient par se lasser. Et ce petit parfum de scandale était exactement ce qu'il lui fallait pour promouvoir son Académie à moindres frais.

Mais Amanda n'avait pas lâché l'affaire aussi facilement. Ses suffragettes étaient retournées à leurs fourneaux et leur ribambelle de gosses depuis longtemps quand elle poursuivait inlassablement son travail de sape : réunions paroissiales exceptionnelles, interview-fleuve dans le *Verona News*, la feuille de chou locale de son vieil ami Harry Grafenberg, grande kermesse « Sex & Jésus-Christ » organisée juste en face de *Sex & Cie*, dans les locaux d'un collège désaffecté, et j'en passe. Sans qu'ils n'aient jamais l'occasion d'un dialogue direct et ouvert avec elle, Amanda Dichs était devenue tout à la fois leur pire ennemi et leur sujet de conversation favori. Depuis bientôt deux ans, elle planait comme une ombre sur leur entreprise. Et, sans s'y résoudre tout à fait, ils savaient qu'un jour cette guerre des tranchées tournerait au combat de plein champ, qu'Amanda sortirait de son trou et les affronterait au grand jour.

« Attendu que les plaignants sont en mesure de prouver que Miss Samantha Baker, alors intervenante en qualité de "modèle" au sein de l'Académie *Sex & Cie* a pu avoir des relations sexuelles tarifées dans le cadre de l'établissement susnommé ;

Attendu que Mr John Pellegrino et Mrs Marie Pellegrino, gérants de la société *Sex & Cie* ne pouvaient ignorer de tels agissements au sein de leur établissement, tels que l'établissent les témoignages en annexes 2, 13 et 15 de la présente ;

Attendu que ces agissements ont pu conduire à des rapports sexuels non consentis et en réunion sur la personne de Miss Samantha Baker, tels que décrits par la victime en annexes 1, 6 et 22 de la présente ;

Les susnommés gérants de la société *Sex & Cie* sont inculpés des charges suivantes :
– proxénétisme aggravé ;
– extorsion de fonds ;
– complicité de viol en réunion.

Si les chefs d'accusation énumérés ci-dessus sont retenus contre les susnommés gérants de la société *Sex & Cie*, les plaignants exigent qu'en conséquence la société *Sex & Cie* soit liquidée et l'établissement qu'elle administre soit fermé de manière immédiate et sans aucune contrepartie. »

Ce jour-là était arrivé. Marie retournait l'injonction du tribunal entre ses mains, lisant et relisant et relisant encore les mêmes lignes, jusqu'à la chiffonner. Amanda, qui était désignée par le document officiel comme la principale plaignante, en sa qualité de représentante de diverses associations, tenait enfin sa grande offensive.

— Je me demande à quoi tout ce fourbi nous sert..., se désola-t-elle en désignant d'un geste large de la main la régie de surveillance vidéo qui occupait une bonne moitié de son bureau. Comment un truc pareil a pu nous échapper ?

Ils contemplèrent tous les trois le mur d'écrans, en silence. Hall, couloirs, Sexeteria, salles de cours, cabines « câlins », quasiment tous les espaces de l'Académie étaient couverts par le système. Seules les toilettes publiques et les chambres des stagiaires résidents conservaient leur stricte intimité. Rien ne pouvait en principe leur échapper dans le cadre des activités régulières du centre. Mais, force était aujourd'hui de l'admettre : ils n'avaient ni le temps ni vraiment les moyens d'exploiter cet outil comme ils l'auraient voulu. Et comme ils l'auraient dû pour prévenir tout débordement. Hormis quelques fois au début, pour le « fun » et parce que ça les émoustillait un peu, jamais ils ne visionnaient les enregistrements du jour. Et quand bien même, quoi de plus commun dans une Académie du sexe, quoi de plus naturel en apparence, qu'une fille qui s'éclate avec deux types ?

— Moi ce que j'ai du mal à croire, c'est que Samantha ait pu nous balancer comme ça… Merde, c'est pas comme si on ne connaissait pas cette salope ! Elle et moi on a quand même…

— C'est bon, John ! le coupa Marie. C'est bon, épargne-nous les détails. Je crois juste qu'on arrive à la limite de certains de nos principes.

— Qu'est-ce que tu veux dire ?

— On a toujours considéré que les « élèves » de notre Académie étaient des adultes consentants et que ce qu'ils avaient fait avant d'arriver ici, aussi bien que ce qu'ils avaient envie de faire ici, ne regardait qu'eux. Eux et leur conscience.

— Je vois pas où tu veux en venir, chérie, le règlement c'est pas pour les chiens. Elle a enfreint le règlement en toute connaissance de cause. Point barre.

— On est bien d'accord. Mais franchement, tu connais un seul endroit sur cette planète où tout le monde respecte le règlement comme un seul homme ?

— Hummm, reconnut-il en se raclant la gorge.

— On a été un peu trop naïfs, si tu veux mon avis. On a cru qu'on pouvait fermer les yeux sur tout ce qui se passait ici parce qu'on a cru qu'au Luna Park du sexe tout le monde serait gentil et bien intentionné…

— … et ce sont pas des Bisounours, conclut John.
— Mouais, c'est plutôt des Baisounours !

Fièr(e) de son calembour, Ada se recroquevilla pourtant sous le regard assassin de Marie.

— Moralité ? relança John.
— Moralité : on prend nos renseignements sur chaque nouvel entrant, et on ne lâche pas d'une semelle les plus gros poissons.
— Magnifique, et qui va mâter L'île aux bandants toute la journée ? Toi, peut-être ?
— Non, traîna Marie avec un sourire narquois, en se tournant vers Ada. Notre ami Baisounours Ier !
— Oh non, pffff…, soupira le(a) géant(e) en rentrant son énorme tête dans ses épaules dignes de la NBA.
— OK, soit. Et de qui doit-on se méfier ces temps-ci, Madame Clouseau[1] ? ironisa John en évoquant les origines françaises de Marie.
— Elle ! s'écria-t-elle en pointant de l'index l'écran du centre. Et crois-moi, dans le genre piranha…

Salle de cours n° 2

Cyrella avait mis un point d'honneur à arriver la première. Un bon gros quart d'heure avant le début de la séance. Elle avait un peu blêmi quand elle avait découvert la tête du « prof » qui devait ouvrir sa première journée de « cours » mais, après tout, il était bien précisé sur le planning qu'on lui avait remis au petit déjeuner qu'Elmer Blumm n'intervenait que dans les matières « théoriques ». Dieu merci, elle ne verrait

1. Référence à l'inspecteur Clouseau, le policier français et légendairement maladroit interprété par Peter Sellers dans le film *La panthère rose*, de Blake Edwards.

jamais nu le corps qui allait avec cette tête d'oiseau de proie, ce nez saillant, ce poil ras et blanchi, le tout attifé à la hâte.

Horaire	Intitulé	Salle	Intervenant
9 am - 11 am	Introduction à la Sexolistique	n°2	Pr Elmer Blumm
11 am - 13 pm	Identité sexuelle	n°3	Dominique D.
15 pm - 16.30 pm	Principes de l'orgasme féminin	n°1	Fanny Lee
17 pm - 18.30 pm	Atelier libre à la salle des toys	Salle des toys	Avec l'assistance de John Pellegrino

Elle n'en fut pas moins vexée que le Pr Blumm, pourtant seul avec elle durant de longues minutes, ne lui adressât pas le moindre mot, la considérant de toute évidence comme une simple « élève en avance », et non pas comme l'objet de désir qu'elle pensait être pour tout mâle hétérosexuel. C'est à peine s'il lui signifia qu'il avait noté sa présence, la saluant d'un mouvement sec de la tête, puis replongeant aussitôt son bec dans sa liasse de papiers.

Les autres « étudiants » ne tardèrent pas à dissiper le malaise, occupant peu à peu les fauteuils vacants autour d'elle. Une petite dizaine de personnes en tout, d'âges et de couleurs très divers, tous vêtus de tenues d'intérieur assez légères, plus ou moins sexy. Elle avait beau se faire discrète, ne pas les dévisager, elle remarqua aussitôt qu'excepté elle et un jeune homme impeccable, au déhanché sans équivoque, il n'y avait apparemment que des couples. Si tous l'avaient aperçue à la séance de synchro la veille, si aucun d'entre eux n'ignorait plus qui était cette si fantasque silhouette rose et or, Cyrella ne coupa pas à une présentation en bonne et due forme, à haute voix :

— Bien… Bien… Eh bien je suis Cyrella… Walker… voilà.

— Ça je crois que nous le savons tous déjà, Miss Walker, ironisa Elmer Blumm avec un sourire de charognard qui contrastait avec son timbre doux et chaleureux.

— Eh bien quoi ? Je suppose que le reste… je suppose que vous le savez aussi, se raidit Cyrella, évoquant de manière implicite les magazines people qui se repaissaient à longueur d'année des détails de sa vie privée.

— Écoutez, Cyrella, nous ne sommes pas là pour vous juger. Chacun ici a sa propre vie, son propre parcours… et cela ne regarde aucun d'entre nous. En revanche, quand un nouvel « académicien » intègre *Sex & Cie*, l'usage veut qu'il expose aux autres membres de son groupe de travail les raisons de sa venue parmi nous. Ce qui le ou la motive. Alors… Pourquoi êtes-vous ici avec nous, Cyrella ?

— J'ai déjà répondu à ça, répondit-elle, sur la défensive.

— Oui, je le sais… Mais ce qui est important c'est que cela sorte de votre bouche, que vous nous le disiez à nous… et maintenant.

Durant le long silence qui suivit, derrière son regard de bête apeurée, l'une des mimiques qu'elle savait le mieux adopter sur commande, en cas d'urgence, elle eut tout le loisir de détailler ses nouveaux camarades. Outre l'homo de service qui la croquait littéralement des yeux, il y avait là : un couple de jeunes gens hâlés, au type moyen-oriental, peut-être bien des musulmans ; un couple marqué par une forte différence d'âge, monsieur flirtant avec la soixantaine et madame ne dépassant sans doute pas la moitié ; un couple de quadragénaires dont on pouvait dire dès la première seconde que leur relation était usée jusqu'à la corde ; un couple excessivement jeune, dont elle douta qu'il satisfît au critère de majorité en vigueur à l'Académie, lui blond diaphane presque transparent, et elle une Asiatique aussi « kawaï [1]» que dans les plus kitsch des shojos[2].

— Je...

Hors de question qu'elle confie quoi que ce soit à ce ramassis de bras cassés qui, elle en était convaincue, s'empresseraient de revendre la moindre information utile à la volée de paparazzis qui tournaient autour du bâtiment comme des rapaces, depuis qu'elle avait été localisée.

— J'ai...

— Ouiiii ? étira Elmer comme une guimauve, dégoulinant d'obséquiosité. Prenez votre temps, ne brusquez rien.

Un autre détail la frappa. Elle était seule à porter sur son bustier D & G la pastille dorée des formations de longue durée. Autour d'elle des gommettes vertes (stage de sept jours), roses (formation de deux mois), et mêmes marron (auditeurs de modules libres). Autant de fuites potentielles.

— Écoutez, c'est douloureux pour moi d'en parler mais c'est assez simple...

John Gray, le célébrissime auteur de Mars & Vénus[3], dont elle s'offrait les services de coaching à titre privé, serait fier d'elle. Elle ne mentirait pas, non. Ce qu'elle

---

1. « Mignon » en japonais.

2. Shojos : mangas romantiques pour jeunes lectrices, par opposition aux shonen, mangas d'actions assez violents et destinés aux garçons.

3. Spécialiste du développement personnel, auteur de *Les hommes viennent de Mars, les femmes viennent de Vénus*, Éditions J'ai lu, 1999.

s'apprêtait à confier à ces pauvres hères avides de ragots n'était pas si éloigné que ça de la vérité. Pas si éloigné que ça, vraiment.

— Quand j'avais six ans, je... j'ai été très malade.

Un fond de sauce authentique, un peu de pathos inattaquable, et le tour était joué. La mayonnaise prenait. Si jamais cette histoire devait atterrir dans *People*, elle s'en tirerait à bon compte.

— Un virus assez rare. Et, vous m'excuserez de ne pas entrer dans les détails... mais disons que cette épreuve a eu quelques conséquences sur mon... sur mon intimité.

« Oohhh » gémit le groupe en chœur, empli de compassion. Les femmes, surtout, mues par une soudaine empathie, semblaient au bord des larmes. Seul Elmer ne se départit pas de son petit sourire en coin.

— Merci de cette belle preuve de confiance, Cyrella. Merci..., feula-t-il, faux-derche comme pas permis.

Ce moment d'émotion factice partagé, il prit place devant l'écran plat où défilait un florilège d'images érotiques censé détendre l'atmosphère et échauffer les participants.

— Je sais que certains d'entre vous ont déjà assisté à cette présentation générale et je m'excuse par avance des redites. Mais comme nous avons quelques nouveaux arrivants – coup d'œil en coin à Cyrella – il me semble utile d'y revenir.

» Alors, fit-il en se frottant les mains d'une manière assez agaçante. Justement, est-ce que l'un d'entre vous peut nous dire ce qu'est la... la... ? La... ? La Sexolistique, bien sûr ! Roy ? sourit-il en direction du petit pédé qui rosit aussitôt, et ne répondit que par un rire étouffé.

» Amedh ? – le jeune Arabe, plutôt bien fait, le torse glabre moulé par son tee-shirt étriqué.

» Yasmine ? – sa femme, une très jolie orientale, voluptueuse, ses yeux en amande bordés d'un trait de crayon naturel.

» Philip ? – le quadra bedonnant et sexy comme un relief de pizza dans sa boîte en carton.

— Euh... sa femme leva le doigt comme à l'école primaire.

— Oui, Judy ?

— Eh bien, en gros ça dit que tout est sexuel.

— Oui, c'est juste, on peut dire ça comme ça, mais encore ? David ?

Le gamin ne broncha pas, la main soudée à celle de sa partenaire, une petite rouquine un peu boulotte et dont les seins en poire, ravissants et fermes, pointaient sous son maillot en filet ajouté.

— Bon, Judy nous a mis sur la voie, mais la Sexolistique, c'est bien plus que cela. Je n'emploierai pas de grands mots, je ne dirai pas que c'est une philosophie ou même un système de pensée. Non, la Sexolistique, c'est tout simplement une attitude. On peut considérer le sexe et sa place dans nos vies de deux manières :

» On peut faire comme si c'était une chose à part, une sorte de gymnastique pas désagréable, mais cantonnée à quelques dizaines de minutes le samedi soir, un sujet qui fait rire avec les amis OU...

» ... ou on peut choisir d'ouvrir les yeux, on peut choisir d'accepter la vérité ! Et quelle est cette vérité ? La vérité, c'est que le sexe est l'énergie première, universelle, celle qui fait que nous sommes là, vous et moi, pour en parler, celle qui a produit les milliards de milliards de spermatozoïdes qui ont fait l'humanité, celle sans quoi rien ne serait !

« C'est pas vrai, pincez-moi », elle n'avait pas lâché quinze mille dollars à ces glands pour entendre un tel ramassis d'âneries ! Cyrella dansait sur sa chaise, contenant toutefois ses mouvements de peur que Blumm ne la prenne à son tour à partie.

— Alors on peut regarder ailleurs, on peut éteindre la lumière et attendre que cela passe, on peut se dire que le sexe c'est sale, que le sexe doit être contrôlé, canalisé, muselé, on ne pourra jamais rien contre le pouvoir absolu de notre énergie sexuelle. C'est comme la Force dans *Star Wars* ! Mais oui, ne riez pas !

Notez que personne ne riait.

— Si on s'oppose à la Force de la sexualité, si on refreine son énergie sexuelle, si on la nie, si on l'enferme dans des petits rapports conjugaux tristounets, si on refuse d'admettre qu'elle est plus forte que nous, alors c'est là que nous tombons malades, c'est là que notre corps se rebelle et que notre joie de vivre vacille, c'est là que nous sombrons dans la frustration, dans le dégoût de nous-mêmes. Parfois même dans la dépression.

Il avait pris des accents de prédicateur et les membres du petit groupe n'en menaient pas large. Hormis Cyrella, ils se sentaient floués par son débit, écrasés par sa verve.

— Mais la bonne nouvelle – car il y a une bonne nouvelle – c'est que ce n'est pas une fatalité, non ! Il y a une alternative, croyez-moi, il y a une autre solution. On peut choisir d'accepter la Force sexuelle, de se jeter dans son lit comme on se jette dans un rapide. Est-ce que certains d'entre vous ont déjà fait du rafting ? Ou du canyoning, peut-être ? Non ? Eh bien c'est exactement pareil ! Tant que vous luttez contre le courant, que vous cherchez à le remonter, ou à revenir à tout prix sur la rive, vous êtes sûr de vous faire broyer contre les rochers. En revanche, laissez-vous porter par le courant, essayez de trouver votre place dans le flux, apprenez à vous mouvoir à l'intérieur de l'énergie qui bouillonne tout autour de vous et là, oui là, vous en sortirez non seulement vivant, mais beaucoup plus fort, beaucoup plus joyeux.

Ça dura comme ça pendant deux heures, une vraie cataracte de mots et de lieux communs, qui ne leur épargnait aucun symbole et aucune métaphore. Il leur présenta le sexe comme « un judo du corps et de l'âme », il s'enflamma en leur exposant que la Sexolistique – concept dont il était le créateur et le plus ardent promoteur, cela va sans dire, concept qui était le cœur même de l'enseignement de *Sex & Cie* – mettait enfin l'énergie sexuelle au centre de tout. Il parla de révolution, et les désigna comme des « pionniers ». Il se gargarisait de mots et, l'air de rien, ces mots-là semblaient leur faire du bien.

Au même moment – Bureau de John et Marie

« Ah oui, continue, tu suces comme une reine, vas-y…

— Hmmmmmm…

— Lèche-moi les couilles, maintenant… oui, comme ça…

— Hmmmm…

— T'aimes ça, hein ? Elles sont pleines de sperme pour toi, du sperme bien frais, rien que pour toouaaaaa… Ahhhh, noooon ! »

Zwwwwwwip fit la bande.

« T'aimes ça, hein ? Elles sont pleines de sperme pour toi, du sperme bien frais... »

— Bon Ada ! Tu nous aides ou bien... ?

Le visage fixe, Ada se délectait d'un enregistrement de l'atelier « Les mots de l'amour », où les stagiaires s'essayaient à des dialogues intimes un peu plus crus qu'à l'accoutumée.

— Ada, bon sang !! s'énerva Marie. Tu sais combien d'heures y a à visionner ? !
— Oui, oui, d'accord... maugréa le(a) géant(e), le regard embué, revenant au mode visionnage « x 4 » qu'il-elle avait abandonné quelques instants.
— C'est n'importe quoi, intervint John, vautré sur un Le Corbusier vintage que Marie avait rapporté d'Europe. Autant chercher la chatte de sa femme dans une partouze...
— Élégant, répondit Marie. En attendant tu vois d'autres solutions ?
— On pourrait coincer cette petite pute de Sam, je sais pas moi, lui faire pleurer sa mère, la faire revenir sur sa déposition.
— Bien, et prendre de la taule pour voies de fait, en prime. T'es en grande forme, mon chéri.
— Oh, ça va...
— Et si tu filais un coup de main à Ada ?
— Hein ?! glapit John, manquant de renverser la méridienne.
— Pour les vidéos, précisa Marie.
— Je crois... Je crois que j'ai un truc, les coupa leur fidèle employé(e).

Il-elle rembobina une fraction de seconde et figea l'image sur un couple en pleine action.

— C'est le viol ?
— Nan, c'est la vidéo d'une cabine câlin de Sam, il y a plus d'un an et demi.

L'homme, un rondouillard à lunettes franchement pas terrible, s'activait sans talent sur la jeune femme qui poussait des gémissements trop réguliers pour être tout à fait honnêtes. Après quelques va-et-vient mécaniques, il couina son plaisir comme un animal égorgé. Puis, sans aucune marque de tendresse, ils se désunirent.

— Et ? le-la pressa Marie, folle d'impatience.
— Je suis pas sûr(e), on n'entend pas très bien… Mais écoute quand même.

« *Ça t'a plu mon biquet ?*
— Humm, disons que je comprends mieux pourquoi c'est en supplément, plaisantait le gros lard en lui claquant la fesse sans ménagement.
— Ah ça, la baise all inclusive, *même ici, c'est pas pour demain !*
Samantha partit d'un rire gras.
— Ah ah ah, embraya le type.
— Et motus, hein, pas de conneries, même à ta femme !
— T'inquiète, beauté, j'ai la queue reconnaissante… et discrète. »

— Coupe ! ordonna Marie, triomphante. On est blanchis, nom de dieu ! On va faire bouffer son stérilet à cette salope…
— Attends, attends y a mieux, s'excita Ada.

Sur les dernières images, avant que le couple illégitime ne quitte la pièce, on pouvait voir très distinctement le « client » de Samantha dégainer son portefeuille de sa poche arrière, et lui tendre deux billets verts, que la jeune femme glissa aussitôt dans le bonnet de son soutien-gorge.

— Bingo ! s'exclamèrent John et Marie de concert.

— Ooooh-gasmique ! surenchérit Ada, avec un clin d'œil complice à Marie.

Chapitre 4

La veille, 1er décembre, dans une villa cossue de Verona

De rage, la jeune fille jeta son vélo rose sur la pelouse, ouvrit la porte d'entrée qu'elle claqua dans son dos à toute volée. La plaie sur son coude gauche n'était pas très sérieuse, mais néanmoins bien visible.

— Quelle connasse ! lança-t-elle à l'intention du presque humain vautré dans le fauteuil du salon.
— Hein, hein...
— Non mais j'te jure, j'ai jamais vu ça ! Elle pile comme une tarée, elle me fout à moitié dans le décor... et sous prétexte que sa « limo » est plus grande que notre maison, le flic l'a laissée se barrer sans même une amende.

La masse recroquevillée derrière la manette de sa console, là, c'est Justin. Sweat-shirt à capuche, baggy de skater, baskets informes, cheveux châtains longs et filasses et le minimum syndical de boutons sur le visage, blanc à cœur : toute la panoplie, quoi. Avec les années, il a appris à ne plus répondre aux arrivées électriques de sa sœur, c'est-à-dire une fois sur deux au moins. Ce jour-là, il fit une exception.

— Fille ou garçon ?
— Quoi... ?

— Le flic, c'était un homme ou une femme ?

— Ben, euh, une femme... qu'est-ce que ça peut foutre ?

— Laisse tomber, solidarité de foufounes, t'étais cuite.

— « Solidarité de foufounes », c'est quoi ces expressions à la con, t'as pas deux poils sur le zgeg ! Qu'est-ce que tu sais des poils pubiens, toi ? Et encore plus des foufounes ? !

— Va chier !

À respectivement seize et treize ans, pouvait-on espérer qu'un dialogue élémentaire entre une sœur et son frère s'achève par autre chose qu'un « Va chier » bien sonore ? Elle l'assomma d'un mouvement de coussin géant, évita le coup de PS3 en représailles, et fila à l'étage, dans sa chambre. Sur la porte, elle avait conservé les lettres clowns de son prénom : J-U-L-I-E-T.

Elle en ressortit aussi sec et, par-dessus la rambarde, hurla vers le rez-de-chaussée :

— Les parents ont dit s'ils bouffaient ici ?

— Hein... Koa ?

— Les parents...

— Ben koa ?

— Ils ont dit s'ils rentraient pour le déjeuner ?

— Naaaannn, mais je crois pas, ils bossent toute la journée, izondit.

— Izondi, izondi... Tu peux pas articuler un peu, bordel ?

— Ah au fait, répondit son frangin après un long silence. Y a Brad Dugland qui a appelé.

— Si tu l'appelles encore une fois « Dugland »..., fulmina Juliet.

— C'est comme tu veux, mais c'est moi qui ai pris le message, la fit chanter Justin avec un rire bête.

— Tu te démerderas tout seul pour ton déjeuner, « Dugland » !

— Va chier !

De retour sur son lit, après avoir rapidement désinfecté la plaie superficielle, elle composa en priorité le numéro de « MOM », qui ne répondit pas. Juliet avait l'adolescence plutôt facile, raisonnable, respectueuse des efforts que faisaient ses parents pour leur offrir une jeunesse agréable, à son taré de frère et à elle-même. Le second appel fut pour « BRAD ». Elle avait beau être assez jolie pour emballer n'importe quel mec du lycée et même, de l'avis général, envisager une carrière de mannequin, elle conservait « la tête sur les pipoles » comme elle disait étant enfant. En priorité, ses études, et un bon job. Pourquoi pas « coach » dans le développement personnel, comme ses parents. Elle n'avait toujours pas bien compris en quoi ça pouvait consister – « Oh, c'est compliqué, ma chérie, quelque chose comme guider les gens qui se posent des questions sur leur vie, tu vois... les aider à se détendre, à profiter ! » – mais si elle devait en juger par leur train de vie, c'était plutôt juteux. Pour le mari et les enfants... on verrait après.

Sixième sonnerie. Répondeur.

— Brad, c'est Jul... Écoute, euh, rien... Enfin si, tu as appelé je crois... Je me demandais juste... juste ce que tu faisais ce soir, voilà. Rappelle-moi !

Brad n'était pas l'un de ses fantasmes, Brad était LE fantasme. Depuis ses onze ou douze ans, elle ne se souvenait pas s'être masturbée une seule fois sur une autre image que la sienne. Dans son scénario le plus fréquent, Brad changeait de costume à volonté, passant selon son désir de *quaterback* à pompier, de médecin urgentiste à parachutiste, progressant vers elle sans jamais l'atteindre tout à fait, le sexe à l'air, dressé, monumental, triomphant. Quand il était à deux doigts d'entrer en contact avec elle, c'est généralement là qu'elle jouissait, si bien que jamais il ne la pénétrait vraiment, ce dont elle tirait à la fois une immense frustration et un léger soulagement ; ou peut-être bien l'inverse. Parfois, elle se demandait s'il n'avait pas une télécommande agissant directement sur son clito, comme dans cette BD[1] que sa mère avait rapportée de France, il y a des années, et qu'elle avait lue en cachette. Si tel était le cas, alors depuis quelques mois il « la » cliquait comme un maboule !

Ça non plus, elle ne voulait pas le précipiter, malgré les signaux de plus en plus pressants de son petit copain. Mon dieu, et s'il n'en pouvait plus d'attendre ? Et s'il finissait par craquer pour cette petite pouf' de Brittany – soit dit en passant l'une de ses meilleures amies – qui clamait à qui voulait l'entendre que non seulement elle « l'avait perdu » depuis belle lurette, mais qu'elle faisait aussi « des trucs qu'on ne voit même pas sur Internet » ? Tel était le dilemme terrible dans lequel vivait Juliet Pellegrino et dont rien ni personne, pas même les conseils avisés de sa mère, ne pouvait la sortir. Et puis, qu'est-ce qu'elle y connaissait, sa mère, à la sexualité, elle qui baisait depuis plus de quinze ans avec le même homme ? S'éclataient-ils encore au lit ou le sexe n'était-il devenu pour eux qu'une simple formalité ? Un truc qu'on fait pour maintenir le couple en vie, quelque chose comme un devoir scolaire ou un travail ?

Elle chassa bien vite cette pensée et alluma son ordinateur. Après avoir consulté son compte – 1 128 dollars d'économies –, elle hésita un instant, puis saisit l'adresse dans la barre du navigateur : sexetcompagnie.com. Encore 272 dollars et elle pourrait s'offrir le stage de sept jours. Encore 272 petits dollars et elle pourrait faire d'elle-même une vraie femme. 272 dollars de rien du tout et elle apprendrait comment faire jouir Brad tant et si bien que plus jamais il ne reluquerait le cul de

1. Il s'agit du *Déclic* de Milo Manara.

cette gourdasse de Brittany. Alors, alors seulement, elle pourrait se donner pleinement à lui. Elle lui arracherait son uniforme, elle le pomperait jusqu'à la garde, elle enroulerait sa langue autour de sa queue comme une experte, elle lui offrirait de tels orgasmes qu'il serait sien à jamais.

Quelle chance qu'un tel institut existât dans une aussi petite ville que Verona ! se dit-elle. Quelle chance… Mais pas plus qu'elle ne voulait connaître les détails de leur intimité, ses parents ne devaient être au fait de sa démarche. En aucun cas.

— Bon alors, on bouffe ? traînèrent de conserve dans son dos une voix molle et deux pieds abrutis.

Justin ! Quel petit con. Jamais il ne s'annonçait ? Jamais il ne frappait à la porte ? !

— Qu'est-ce que tu regardes ?

Le même jour, dans une maison vétuste à l'autre bout de la ville

Elle balança sa casquette et son insigne sur la table de la pièce principale. La seule vraie pièce de la maison, même si on considérait les minuscules alcôves attenantes.

— Quelle connasse ! lança la jeune femme à l'intention de la forme grise assoupie dans le grand fauteuil.

Sa mère ne répondit pas. Elle ne répondait plus beaucoup d'ailleurs, grignotée qu'elle était depuis des années par une sorte d'Alzheimer mal défini. La fliquette libéra sa longue chevelure brune remontée en chignon, puis ses fesses généreuses et fermes, prisonnières de son pantalon d'uniforme, et enfin ses seins contenus dans un chemisier étriqué. Sa petite taille n'enlevait rien à l'harmonie voluptueuse de ses formes. Pourtant, ce n'est pas lascive mais furibarde qu'elle se glissa sous le jet tout juste tiède de la douche. Il fallait qu'elle se calme, il fallait qu'elle oublie cette femme dans sa limousine rose. Et son sexe, c'est pas possible, ce sexe énorme sur l'écran de la voiture ! Oh, bien sûr, elle aurait pu en rire, raconter l'anecdote à ses collègues du district, ils en auraient fait des gorges chaudes quelque temps et elle serait passée pour un agent sympa et décoincé, du genre bon camarade, du genre qu'on claque dans le dos et à qui on lance « Hey, Vasquez, refais-nous l'histoire de la chatte en limo ! ». Mais elle n'y arrivait pas...

Et, en dépit du flot purificateur qui, en temps normal, la lavait si bien de ses tensions et de ses peurs, elle ne pouvait échapper au sexe luisant de désir de Cyrella. Un sexe démultiplié mais surtout un sexe étrange. Elle n'aurait su dire en quoi exactement, mais un détail clochait. Ce vagin n'était pas normal. Non pas qu'elle en ait vu tant que ça dans sa vie, ça non...

— Gina !
— J'arrive maman... j'arrive.
— Gina-Gina-Gina-Gina-Gina-Gina... GI-NA !

Combien d'occasions avait-elle ratées ? Combien de types l'avaient culbutée à l'arrière de leur tire, aimantés par son corps de déesse, pour la jeter dès qu'ils avaient aperçu la bicoque et surtout sa mère, prostrée, un filet de bave pour seul maquillage ?

Dans la buée sur la cloison de la douche, elle le dessina.

Dans la purée qu'elle prépara ce soir-là, elle le dessina.

Dans son pot « soin de nuit », elle le dessina.

Dans la poussière qui s'amoncelait sur la table basse, elle le dessina.

Les deux verres de Syra californien qu'elle s'était offerts après le dîner, un vrai luxe à l'aune de son budget, n'avaient pas dissipé les images. Bien au contraire. Elle était hantée par cette « chatte, cette moule, ce berlingot, cette... ». Combien de synonymes de vagin connaissait-elle, au juste ? Comme la plupart des femmes qu'elle fréquentait, Gina n'était pas très à l'aise avec son sexe. Avec les représentations du sexe féminin en général. Elle trouvait ça laid, béant, comme un boulot pas fini... Mais là... là... C'était très dérangeant, bien sûr, mais c'était tellement beau aussi.

Parce qu'elle n'avait personne d'autre à qui parler, elle raconta toute l'histoire à sa mère, qui gardait le regard rivé à l'écran, parfaitement silencieuse. Une émission de télé-réalité cherchait à départager dix candidates au titre de « top model » de l'année, des filles d'à peine seize ans mais dont pas une, Gina se fit la réflexion sans le vouloir, n'était aussi bien roulée qu'elle. Juste un peu plus grandes d'une bonne dizaine de centimètres. Ce monde était mal gaulé, lui...

Malgré cet auditoire neutre, absent, cette oreille qui ne la jugerait pas, elle eut du mal à trouver les mots, à faire part de son trouble. Quand elle eut fini, elle embrassa la vieille joue duveteuse, immobile, qui avait écouté sa confession :

— Merci, maman... Bonne nuit. Tu penses à éteindre quand tu vas te coucher, hein ?

Amelia Vasquez n'était pas tout à fait aussi « débranchée » qu'elle voulait bien le laisser croire. Enfin, si, la majorité du temps. La seule chose qui l'animait encore un peu, pour tout dire, c'était les cancans, les ragots, les indiscrétions en tous genres. Dès que la moindre information croustillante parvenait à son cerveau défaillant, celui-ci retrouvait une surprenante vivacité. C'était inexplicable, mais c'était comme ça. Soixante-cinq ans de lecture des magazines people n'y étaient sans doute pas étrangers. Gina comptait d'ailleurs un peu sur cette particularité pour obtenir de sa mère une réaction, même faible... Ce qu'elle ignorait, en revanche, c'est qu'à peine la machine se mettait-elle en branle, personne ne pouvait l'arrêter. D'une main étonnamment leste, elle saisit le combiné sans fil à sa droite.

— Réseau Paparazettes[1], j'écoute.

— Je suis adhérente, chuchota la mère de Gina, soudain bien consciente de la finesse des cloisons.

— Très bien madame, quel est votre nom ?

— Vasquez, Amelia.

— Votre identifiant ?

— 12-32-58.

— Vous habitez toujours bien à Verona, New Jersey ?

— C'est ça, c'est bien ça...

— Très bien Miss Vasquez, je vous écoute, que souhaitez-vous nous signaler aujourd'hui ?

— C'est ma fille... Gina.

— Votre fille, madame ?

— Elle a vu le sexe d'une femme.

— Pardon ?! s'étrangla la voix de l'hôtesse à l'autre bout.

— ... je veux dire le sexe d'une star.

— Bien, bien... et en quoi...

— Ce sexe ! Ce sexe, il n'est pas normal ! Vous comprenez ?

---

1. Réseau qui invite des particuliers à rendre compte au quotidien, quand ils en sont témoins, des moindre faits et gestes des « people », pour en informer le public.

— OK, madame, reprenons les choses dans l'ordre. Votre fille a-t-elle identifié la personnalité en question ?

— Ma fille est une idiote, mademoiselle, elle ne reconnaîtrait pas Matt Damon si elle couchait avec lui.

— Je vois, fit-elle en retenant un gloussement.

— Mais d'après ce qu'elle m'a dit, j'ai de bonnes raisons de penser qu'il s'agit de... Ah, je ne connais qu'elle !

— De... ? essayait de l'aider l'opératrice.

Quand elle le voulait, Amelia Vasquez avait une excellente mémoire.

— Je l'ai... souffla la pauvre femme dans l'appareil. Je l'ai : Cyrella Walker !

— Cyrella Walker... LA Cyrella Walker, la milliardaire ?

— Eh bien oui, qui d'autre voulez-vous ? Vous êtes idiote, vous aussi ? lui demanda Amelia, comme s'il s'agissait d'une question qui attendait une réponse.

Trois jours plus tôt, au siège du Verona News

Harry Grafenberg n'avait jamais été séduisant. Pas plus qu'il n'avait été un jeune homme attirant il n'était devenu, comme certains autres, par un surprenant et tardif renversement de tendance, un vieux beau. Il était né moche et le resterait jusqu'à la tombe. Pourtant, de ces yeux de cocker, de ce crâne dégarni, de ce nez en patate et cette denture approximative, se dégageait un charme indéniable.

Amanda Dichs en était là de ses réflexions, contemplant le portrait en pied du fondateur du *Verona News*, quand il apparut en personne dans le hall.

— Amanda, Amanda, Amanda... désolé de t'avoir fait attendre aussi longtemps !

— Je t'en prie... Comment on dit déjà ? « La justice peut bien patienter... mais elle ne saurait attendre », c'est bien ça ?

— Je vois que tu es en grande forme, la guida-t-il par le coude jusqu'à l'intérieur de son bureau.

Parfaitement respectable, bandante mais aussi tout à fait casse-couilles. Voilà les trois qualificatifs dont Harry aurait gratifié sa visiteuse du jour, si on l'avait invité à s'exprimer à haute voix sur le sujet. D'accord, d'accord, il partageait dans les grandes lignes ses opinions tranchées sur l'état de déliquescence morale de ce pays. Il en avait repris lui-même une bonne partie dans le programme qui devait enfin, le croyait-il, le mener l'an prochain à la mairie de Verona, après seize années d'efforts et quatre tentatives infructueuses.

— Harry, je ne vais pas y aller par quatre chemins...

— Je te rassure, ma chérie, ce n'est pas ton genre.

— J'ai un gros service à te demander, poursuivit-elle sans se formaliser de son ton familier.

— Quelle surprise...

— Non d'ailleurs, pas un service mais DEUX gros services.

— Encore mieux, j'en salive d'avance, ironisait-il avec un sourire pourtant on ne peut plus bienveillant.

Après tout, aussi coincée fût-elle, heureusement qu'il y avait encore des Amanda Dichs dans leur communauté pour éviter qu'elle ne parte totalement à la dérive. Sur son bureau, la une du jour ne faisait que prolonger son sentiment : « Peut-on accepter de telles horreurs ? » Il était question d'un tueur et violeur en série qui terrorisait le comté d'Orange depuis des mois et que, selon Harry et le comité électoral qui le soutenait, l'incurie chronique des forces de police laissait libre de semer la désolation partout où il passait. Et si Verona n'avait pas encore été touchée par son œuvre sinistre, la petite commune le devait plus à la chance qu'à l'efficacité de l'équipe en place. C'est ce qu'il s'était fait un plaisir de rappeler dans son édito, publié le matin même.

— Je plaisante, tu sais bien que je ne peux rien te refuser... Pas depuis Arthur.

Sans en avoir conscience, Harry Grafenberg venait d'effleurer le troisième secret d'Amanda ; mais pas plus aujourd'hui qu'au cours des dix années passées, elle n'était disposée à lui en révéler la nature. Pour tous, Arthur était mort noyé au cours d'une partie de pêche dans l'Ontario, et l'on n'avait jamais retrouvé son corps. Amen.

— Merci, Harry... Bon, tu es bien placé pour savoir tout ce qui se passe à Verona. C'est une petite ville.

— Accou... Je veux dire, lance-toi !

— Tu sais ce que je pense de cette satanée « Compagnie » de Prospect Avenue.

— *Sex & Cie* ? précisa-t-il en levant un sourcil.

— Hum, oui, enfin je ne suis pas là pour leur faire de la publicité. Ce serait même plutôt l'inverse...

— Le contraire m'aurait surpris. Et quel rapport avec moi, si je peux me permettre ?

— Primo, j'ai besoin que tu me fasses un article.

— Un article ? Mais un article sur quoi ?

— Sur moi... enfin, une sorte d'interview.

— Amanda... soupira-t-il avec une mine de vieux papa qui tapote les fesses de sa fille. En deux ans, je t'ai interviewée trois fois, dont au moins deux fois sur le sujet.

— Une fois, quelque chose de très général... mais peu importe. Cette fois... cette fois, j'ai du neuf.

— Je te rappelle qu'ils sont des annonceurs très fidèles. Un quart de page tous les samedis, toute l'année !

Ce disant, il feuilleta prestement sa feuille de chou et brandit le pavé en question sous le nez d'Amanda, qui détourna aussitôt les yeux. Il prit donc la peine de lui lire l'annonce :

— *Et si ce soir n'était pas un samedi soir comme les autres ?* Franchement, on a des publicités pour des livraisons de pizzas qui sont plus choquantes que ça.

— Ce n'est pas leur discours de marchands « du temple » qui me pose problème, Harry. C'est ce qu'ils font aux hommes et aux femmes qui sont assez crédules pour faire confiance à ce genre d'annonce. Tu comprends… ce qu'ils font à leurs âmes !

— Bon, soit… et c'est quoi ton scoop ? trancha-t-il, le journaliste l'emportant sur le croyant.

— J'ai déposé plainte contre eux. Le juge Richards m'a promis qu'ils recevraient l'assignation avant la fin de la semaine.

— Hein ? ! Mais plainte pour quoi ?

— Proxénétisme aggravé.

— …, Harry roulait des yeux incrédules.

— Et complicité de viol.

— Amanda, nom d'un chien, as-tu bien conscience de ce dans quoi tu t'embarques ? ! C'est du délire ! Ces gens-là viennent de Manhattan, ils sont probablement bardés d'avocats, des ténors de la NYCLA[1]. Qu'est-ce que tu penses faire toute seule ?

— J'ai un témoignage en béton.

— Un témoignage, mais ça se retourne comme une crêpe un témoignage ! s'emporta-t-il en faisant les cent pas le long de la baie vitrée qui dominait tout le centre-ville. C'est qui ton témoin ?

— Une fille qui a travaillé pour eux, Samantha Baker.

— Connais pas. Elle est disposée à parler ?

---

1. NYCLA, New York County Lawyers Association, association des avocats du comté de New York.

— Je… j'attends sa confirmation.

— Tu veux dire que tu n'es même pas sûre qu'elle acceptera de comparaître ? s'effondra-t-il pesamment dans son Charles Eames[1] élimé.

— Elle est aux abois, Harry, la fille n'a plus un sou, elle est à moitié alcoolo…, Amanda se gratta la gorge sur ce dernier terme. Crois-moi si on lui fait sentir qu'il y a quelques dollars à grappiller, elle rappliquera ventre à terre.

— T'es pas en train de nous suborner un témoin, au moins ? demanda-t-il ingénument.

— Harry ! s'offusqua Amanda.

Il fit tourner sa *lounge chair* sur son axe, balayant du regard la pièce face à lui, s'attardant sur la poitrine opulente d'Amanda à chaque passage. Elle était belle dans cette robe. Elle avait manifestement fait un effort pour l'occasion, pour lui se plaisait-il à songer. Pourquoi n'avait-il pas tenté sa chance avec elle, à l'époque ? Il ne se souvenait plus bien. Ah, les filles et lui, au lycée, c'était pas facile. Il y avait cette gueule, encore plus improbable sans la patine avantageuse de l'âge. Et puis ce nom… Dans les années soixante-dix, en pleine révolution sexuelle, il y avait plus facile à porter.

— Hey Harry, tu l'as trouvé ?

— Trouvé quoi ?

— Ben ton point G, pardi !

Personne n'avait jamais établi un quelconque lien de parenté avec Ernst Grafenberg, le célèbre gynécologue allemand, qui avait localisé ledit point dans les années 1950. Mais comme personne n'avait réussi non plus à

---

1. La *lounge chair* de Charles Eames est l'un des fauteuils de designer emblématiques des années 1960 (bien que créé en 1956), abondamment copié depuis.

invalider totalement cette hypothèse, eu égard au père inconnu du jeune Harry, les blagues bien grasses et les sous-entendus le poursuivirent longtemps.

— Et deuzio ? reprit-il, plus calme.
— Hein ?
— Primo, tu veux un papier pour te mettre l'opinion dans la poche, ça j'ai compris. Et deuzio ? Tu veux les clés du journal, c'est ça ?
— Je veux que tu m'aides à convaincre Watington de leur coller un contrôle de l'hygiène, ou quelque chose comme ça…
— Non mais t'es devenue complètement folle ?
— Même si je suis déboutée, avec un contrôle en plus ils ne s'en remettront pas, Harry, c'est la clé sous la porte dans les trois mois, s'empressa-t-elle d'ajouter pour convaincre son vieil ami. Et c'est ce que nous voulons tous, on est bien d'accord ?
— Magnifique ! Et moi, tu sais ce que je risque si ton juge Richards estime que je divulgue des éléments de procédure dans mon canard ?
— Écoute…
— Et avec qui il golfe tous les samedis matin, Richards, hein, à ton avis ? Je te le donne en mille : mon « grand » ami, notre bien-aimé maire, George Watington ! Et tu me demandes en plus d'aller frapper à la porte de mon pire ennemi politique pour lui demander une procédure sortie de ton chapeau ?!

Cette fois, il ne s'était pas contenté de lever le ton, il avait bien hurlé. Le brushing d'Amanda en vibrait encore. Elle le dévisagea, regarda la galerie de portraits et de unes du journal sur le mur, jeta un œil à la ville en contrebas et, ce faisant, elle ne cessa de prier en silence. Quoi qu'il en coûte, elle savait que c'était juste. Sa décision était prise.

Elle lui décocha un sourire plus compatissant que salace, plus mère de dieu que mère de tous les vices, et n'en vint pas moins s'agenouiller pile entre ses jambes écartées, au pied du fauteuil.

— Amanda... Amanda, non... gémit-il dans une plainte que contredisait la tension croissante de son entrejambe de toile grège.

Il retint une dernière fois la main qui ouvrait la braguette, puis la guida à l'intérieur de son caleçon à carreaux pour libérer son sexe circoncis – simple mesure d'hygiène, de bon chrétien soucieux de la santé de sa partenaire.

— Oh mon dieu !

Elle l'aurait volontiers repris, lui aurait bien demandé de laisser Dieu en dehors de tout cela, mais sa bouche était déjà occupée. Depuis combien de temps ne s'était-il pas fait sucer comme ça ? Jenny était morte quelques années avant Arthur et, depuis son dernier échec électoral, il ne s'était plus offert une seule pute ou aucun *lap-dance* un peu poussé. Amanda suçait-elle Arthur, en son temps ? La pipe faisait-elle partie de ce que pouvait s'autoriser une Amanda Dichs dans le cadre de ses rapports conjugaux ? Ou même extraconjugaux ?

Autant qu'il pouvait comparer, elle faisait ça remarquablement bien. Précise et douce sur le gland, sa langue lapant le point le plus sensible, son frein, puis goulue et plus vigoureuse quand elle enfournait sa hampe au plus profond de sa gorge. Encore et encore et encore.

Et quoi d'autre ? Que pouvait-elle lui offrir ? Harry se sentit pris d'une irrépressible envie de tester les limites de cette fille de l'Enfant Sauveur. Il la souleva sans effort sous les fesses et la déposa comme un paquet cadeau sur son bureau. Fallait-il que cette femme soit décidée, fallait-il qu'elle veuille la peau du couple Pellegrino – des gens charmants, s'il devait en juger par les trois visites qu'ils avaient rendues au service commercial du journal – pour abandonner dans un même mouvement de va-et-vient tout son corps et tous ses principes.

Il demeura figé un instant devant le spectacle de sa vieille amie dans cette posture aussi scabreuse qu'inattendue. Comment faisait-on déjà ? Enfin, il voulait dire : « Comment faisait-on ça "bien", avec douceur et détermination, avec élégance et ce qu'il fallait de vulgarité crasse ? » Pour un peu, s'il avait pu suspendre le temps et plus encore son désir impérieux, il aurait bien pris quelques cours de rattrapage à l'Académie que sa future partenaire cherchait à détruire avec une telle opiniâtreté. C'est à peine s'il se souvenait encore des préliminaires qu'appréciait Jenny.

Alors il se contenta d'écarter l'écran de coton et passa son pouce droit sur la vulve déjà brillante du bonheur à venir, comme si on lui avait demandé de s'identifier, d'y laisser son empreinte, avant que l'ouverture ne se déclenche et que l'accès complet ne lui soit autorisé. Elle poussa un cri infime, à peine un piaillement de surprise, un pépiement d'oiseau contrarié. Elle ne devait pas tant redouter de se faire plumer car, à mesure qu'il balayait l'entrée de son sexe d'un doigt pataud, elle écartait plus largement les cuisses, perdant le contrôle de ses sandales en équilibre instable sur la pointe contractée de ses pieds et qui chutèrent bientôt sur le sol. La tête oblique, il jouit ostensiblement du spectacle, enfonçant par instants son ongle dans le sexe maintenant dilaté. Un centimètre ou deux, guère plus, juste de quoi la rendre folle, juste de quoi lui faire oublier qu'elle se livrait à un odieux marché, juste le temps de lui rappeler que là, entre ses jambes, elle avait un sexe bien vivant.

Sans attendre ni espérer qu'elle l'implore, Harry la pénétra enfin d'un grand coup sec, sans ménagement. De son autre main, il dégagea un sein de son bonnet, pressé sur la poitrine par la lourde armature d'un modèle antédiluvien, et lécha la pointe violacée du mamelon avec avidité. La grimace disparut bientôt de son visage et elle se laissait porter, transpercer, aspirer.

Étroite. Ce fut sa première surprise. Depuis quand une bite aussi dure que la sienne à cet instant n'avait pas pénétré cette femme ? Était-il possible qu'un vagin qu'on ne pénètre plus puisse se « refermer » peu à peu, comme un passage dont les parois finiraient par se rapprocher ? C'était divin, en tout cas, et les contractions qui commençaient à la secouer contribuèrent à resserrer plus encore cet étau autour de son sexe.

Chaude. Avait-elle eu un seul amant depuis le décès d'Arthur ? À quand remontait son dernier coup. Un vagin aussi chaud, aussi accueillant, n'était-il pas celui d'une femme qui en mourait d'envie ? Si, malgré sa tête qui battait de droite et de gauche, ses coups de reins vers l'arrière, comme pour se soustraire à son emprise, il était certain que non seulement elle appréciait l'instant, mais qu'elle l'avait toujours appelé de ses vœux. Au lycée, déjà ?

Humide. D'ailleurs, pouvait-on se forcer à baiser et être aussi fluide, liquide, bientôt inondée, quelques instants après ?

Si ce n'était pas pour elle qu'un simple sacrifice, si elle ne s'offrait pas à lui que pour cet abominable marché de dupes, alors c'est que cela pouvait durer. Il ralentit le rythme, sortit son gland quelques instants, puis replongea plus lentement, variant l'angle et la vitesse, concentré, visant par en dessous cette fameuse zone qu'il subissait depuis toujours et dont il avait si peu joui. Ironie du sort, la face antérieure du vagin d'Amanda faisait honneur à son père putatif et, au bout d'une minute à peine de ce nouveau traitement, elle jouit d'une manière aussi explosive qu'inattendue. Le pantalon trempé, Harry s'affala sur sa maîtresse et se contenta de lui ahaner à l'oreille :

— Je vais... je vais voir ce que je peux faire.

« Je vais voir ce que je peux faire. » Décidément, Harry Grafenberg était un âne, jugeote et taille de la verge assortis. Il n'avait donc rien compris. Elle avait pris du plaisir, ça oui, c'était indéniable. Elle s'était comportée comme la pire des petites putes qu'elle dénonçait, mille fois oui. Mais elle ne foulait pas ses croyances par faiblesse, elle ne les piétinait pas pour lui, ça non. Elle les bafouait parce que son idéal était bien plus grand, bien plus beau encore que les plus dantesques de ses faux pas. Jésus-Christ n'était plus le seul homme à aller et venir en elle, Harry Grafenberg l'avait prise et bien prise, elle ne pouvait pas le nier. Mais le Seigneur restait son seul amour. Ce n'était pas une capitulation qui s'était jouée là ; c'était le début de la victoire. Il n'allait pas voir, il allait faire. Un point c'est tout.

Hébétés, c'est à peine s'ils entendirent le tremblement léger de la porte qu'on cherchait à refermer avec discrétion.

Chapitre 5

Bureau de John et Marie, soirée du samedi 2 décembre

Hélas, lorsqu'il visionna les images repérées par Ada, Mark Robinson ne partagea pas du tout l'enthousiasme des époux Pellegrino. Il avait fini par consulter leur message affolé et avait accouru aussi vite que possible ; plusieurs heures plus tard. Il doucha leur soulagement comme on se passe l'arrière-train sur le bidet. Avec un frisson et sans plaisir.

— Pour l'instant, c'est même plutôt accablant, concéda-t-il, l'air grave.

— Accablant ? !

— Tout ce que je vois sur ces images, c'est une fille qui se prostitue dans VOTRE Académie…

— Mais le type parle de « supplément »…, s'insurgea Marie, livide.

— Et alors ? En quoi ça prouve que vous ne preniez pas votre petite com' au passage ?

— Mark, Mark, vas-y molo, lui suggéra John avec un geste amical, l'invitant à ménager sa femme d'un mouvement discret du menton.

Aux yeux de Marie, Mark Robinson était la perfection faite homme, en l'occurrence faite avocat. Ce physique à la David Hasselhoff époque *Baywatch*[1], cette assurance,

1. *Alerte à Malibu* en version française.

cette élégance naturelle magnifiée par des costumes à 2 000 dollars... Son seul défaut, c'était cette incapacité chronique à se fixer, à prolonger une quelconque relation au-delà de quelques mois, le plus souvent quelques semaines. À tel point que ses confrères l'avaient surnommé le « George Clooney du barreau », et qu'il mettait un point d'honneur à papillonner au moins autant que l'acteur.

Et, en cette fin d'après-midi incroyablement chaude pour la saison, sa chemise sur mesure ouverte sur un torse bronzé et épilé à la cire, son idéal masculin était tout bonnement en train de la crucifier.

— Sans compter qu'on n'a strictement rien pour le viol..., appuya le playboy. Pour l'instant, c'est sa parole contre la vôtre... et si j'étais appelé à en juger par ces images, honnêtement, la vôtre ne pèserait pas très lourd.

— Ada bosse sur le viol nuit et jour, chercha à se rassurer John, désignant leur assistant(e), totalement zombifié(e) par une après-midi de vidéo non-stop, rendu(e) sourd(e) par le casque qu'il-elle portait sur les oreilles. On a bien quelques « cabines câlins » un peu musclées, mais rien pour l'instant qui ressemble à un viol.

— Et cette fille, reprit Mark, toujours aussi « pro ». Vous avez quelque chose sur elle ? Des comportements suspects ? Des témoignages qui pourraient la discréditer ?

— Amanda... ? murmura Marie, enfin sortie de son mutisme.

— Non, Baker, Samantha Baker, la corrigea Mark, feuilletant la liasse de l'assignation. Pour l'instant je me fiche pas mal de l'autre cul-béni, on s'en occupera après.

John et Marie échangèrent un regard long, presque douloureux, qui ne trompa pas leur avocat. Ils connaissaient ces échanges. Il sentait d'instinct quand ses clients, souvent mus par les intentions les plus louables, lui dissimulaient quelque chose. « Tout sert », répétait-il à l'envi aux petites stagiaires qui défilaient dans son lit, après un bref passage dans son bureau. « Et si ça ne vous sert pas à vous… c'est que ça servira à la partie adverse ! » C'est pourquoi il exhortait ceux et celles qu'il défendait à la plus cristalline des transparences. Tout, tout, tout, ses clients lui diraient tout sur leur vie, en commençant de préférence par les recoins les plus sombres, les plus crapoteux.

— Vous la connaissez, c'est ça ?

— Évidemment, répondit John avec nervosité, elle a bossé ici pendant six mois.

— Tu m'as très bien compris, John… Vous la « connaissez ». Je me trompe ?

— Non… Enfin, John l'a croisée, il y a douze ou treize ans… tu sais, sur des… sur des tournages, lâcha Marie.

La brève incursion de John dans le monde du film X, « dans une autre vie » comme il prenait soin de le préciser, n'était un secret pour personne. Sans en faire une publicité particulière, Marie ne manquait pas d'y faire allusion quand elle avait au téléphone un client indécis. Comme s'il s'était agi d'une sorte de diplôme, une validation de leur compétence. En tant que leur avocat, mais aussi leur ami, Mark n'ignorait pas ce passé glorieux. Mais, s'il en croyait aujourd'hui leurs mines déconfites, il ne savait pas tout.

— Que s'est-il passé ? s'enquit l'avocat avec un œil avide, flairant déjà la faille.

— Écoute, Mark…

— Laisse-moi lui en parler, chérie, la coupa John. C'est très simple, j'ai eu une aventure avec Samantha, à L.A., quand on tournait dans ces films, elle et moi. Ça n'a pas duré très longtemps… un mois et demi, peut-être deux mois à tout casser.

— OK, c'est de pire en pire, mais je t'écoute.

— Comment ça « pire » ? ! s'étrangla Marie.

— Je te la fais courte : « John rencontre Samantha, il la largue, elle s'accroche à lui, plusieurs années plus tard, il la maque et la fait "turbiner" pour votre compte. » Si tu savais comme c'est banal, ma pauvre, j'ai vu ça cent fois...

— Bref, intervint John, pressé d'en finir avec son histoire. En tout cas, ça a duré assez longtemps pour que je sois absolument sûr d'un truc : cette fille est barge !

— Barge... Barge comment ? Schizo ? Parano ? Suicidaire ?

— Nympho, et surtout totalement mytho.

— Genre ? Mark plissa un œil curieux.

— Genre je m'invente une mère star du ciné brésilien dont personne n'ira jamais vérifier l'existence. Genre je raconte que j'ai passé mes vacances aux Bahamas alors que j'ai vomi du Jack pendant quinze jours, la tête au fond de mes chiottes. Genre je suis « super copine avec l'agent de Di Caprio, tu sais, si tu veux que je lui fasse passer ton composite »... et je t'en passe.

— C'est bon ça, on pourrait demander une expertise psychiatrique, s'enflamma Mark. Ou même invoquer le dépit amoureux.

— Je ne te suis pas, lança Marie, modérant son enthousiasme.

— Eh bien la petite Sam était foldingue, John l'a larguée, et dix ans après...

— Douze, corrigea John.

— ... et douze ans après, elle monte ce bateau pour se venger.

— Hum, pas super crédible, fit Marie avec une moue sceptique.

— Pas impossible non plus, ça aussi ça s'est déjà vu. Juste un truc que je ne pige pas, à ce propos : pourquoi tu es allé embaucher ton ex-petite copine tarée dans votre Académie toute proprette ?

Le regard des époux Pellegrino se croisa de nouveau.

— Hop hop hop, c'est par ici que ça se passe, Mark chercha à capter l'attention de John.

— J'ai eu pitié… Sam était quasi à la rue. Une vraie loque, j'te jure.

— Bien, c'est tout à ton honneur, on pourra faire valoir ça. Si tu as quelques photos « avant/après », ce sera encore mieux.

— Hum, peut-être…

— Dis-moi, est-ce qu'il te resterait des papiers médicaux de votre époque hollywoodienne, je sais pas moi, des ordonnances, des feuilles de soins…

— De Samantha, tu veux dire ? Non, franchement, je peux chercher mais ça m'étonnerait. Elle était fêlée je te dis, elle n'avait même pas d'assurance maladie… alors les papiers, je suis à peu près sûr qu'elle balançait tout au fur et à mesure.

— Et vous savez où je peux trouver cette charmante personne ?

— Tu veux la voir ? ! s'écrièrent en chœur Marie et John.

— Oh, simple « chitchat[1] ». Pour l'instant je n'ai pas grand-chose… Mais si ce que tu dis est vrai, le fait même d'évoquer l'expertise peut faire son petit effet.

— Tu es sûr que c'est… une bonne idée ?

— De toute façon, elle a disparu dans la nature, on n'a plus aucune nouvelle depuis son départ, se désola Marie, soudain tendue, elle aussi.

— J'ai tout mon temps pour la retrouver, l'audience est dans trois semaines. La veille de Noël, tiens, s'amusa-t-il en consultant son agenda.

À bien regarder les Pellegrino, ses amis depuis près d'une décennie, Mark Robinson n'eut aucun doute. C'était limpide. Évident. Ces deux-là lui cachaient

1. Terme américain qui signifie « bavardage sans conséquence ».

quelque chose. Un quelque chose assez pénible, sensible ou honteux, pour qu'ils envisagent de tout perdre, plutôt que de le révéler. « Un truc énorme », songea-t-il, la faim du prédateur vissée au ventre. Avec un sourire qu'il voulut le plus chaleureux possible, il se dit que cette petite affaire devenait très intéressante.

Bien plus qu'il ne l'avait imaginé à première vue.

La villa des Pellegrino – une heure plus tard

-59 : 00

« Les enfants ! Les enfants ? C'est nous ! » se força à chantonner Marie.

Peu de dire que le cœur n'y était pas, ce soir-là. D'ailleurs, ni Justin ni Juliet ne répondirent, si l'on fait abstraction des grognements bizarres qui émanaient de la chambre du premier.

Ce n'est qu'une fois affalée dans le canapé en cuir blanc du salon que Marie le remarqua. Assez grand pour tutoyer le plafond, un solide Nordmann que ses « grands » avaient non seulement pris la peine de traîner jusqu'ici, mais qu'ils avaient aussi décoré – enfin, Juliet surtout, supposait-elle – avec le plus grand soin. Des boules de toutes les couleurs, plusieurs guirlandes électriques, et une immense chaussette étiquetée à son nom pour chacun d'entre eux. Qu'ils soient encore un tout petit peu des « petits », ne serait-ce qu'une fois par an, lui était d'un précieux réconfort, en de telles circonstances. Des « petits » qui avaient déjà dîné, à voir la vaisselle sale amoncelée dans l'évier de la cuisine. Elle renonça à crier... Trop fatiguée pour ça. Bientôt, ils ne seraient plus que des « grands », à jamais, et elle serait vieille.

John s'était déjà enfermé dans son bureau, comme d'habitude. Depuis deux ans, chacun s'était bien adapté à cette grande maison, claire, confortable. Chacun y avait son nid. Sauf elle, peut-être... Mais était-ce le plus important ? Était-ce si grave ? Elle monta à son tour à l'étage, et s'écroula sur le lit de leur chambre. Il était déjà 21 h 40.

-48 : 00

Le samedi soir, c'était le jour et l'heure de gloire de John et Marie Pellegrino. Tout d'abord parce que le serveur vocal de l'Académie recevait généralement plus d'appels à ce moment-là que dans tout le reste de la semaine. Mais aussi parce que, sans le voir, ils savaient qu'à ce moment précis, des dizaines de couples, bientôt des centaines, peut-être même des milliers, jouissaient grâce à eux. C'était samedi soir et l'humanité laborieuse se détendait. Et, si elle se détendait un peu mieux, c'était en partie le fruit de leur travail. Ils aimaient s'en convaincre.

Au-delà de toutes les tracasseries, des soucis de trésorerie et autres coups de massue, comme ce procès, cela suffisait, l'espace de quelques minutes, à justifier tous leurs efforts.

Allongée, Marie se détendait à sa manière, une main posée sur le ventre, à la lisière de son pubis. Elle avait fait le calcul de nombreuses fois. Les stats c'était son dada. Si l'on considérait que sur les 6,5 milliards d'individus que compte notre planète, environ 60 à 70 % ont entre 15 ans et 70 ans, on pouvait donc estimer que 4,55 milliards d'humains sont en âge d'avoir des rapports sexuels. Compte tenu des disparités d'âge et de situations personnelles (en couple, mariés, célibataires, abstinents, etc.), on parvenait à une moyenne « basse » de 50[1] rapports sexuels annuels. Sachant qu'il faut être *a priori* deux pour pouvoir faire l'amour, cela donnait

1. La moyenne française est autour de 120 rapports annuels.

environ, selon son chiffrage tout personnel, quelque chose comme 227,5 milliards de rapports sexuels par an sur Terre.

« Que je divise par 365 jours », tapait-elle sur sa calculette de poche, « cela nous fait quelque 623 287 671 rapports par jour, ou 25 970 319 par heure, 432 838 par minute ou enfin 7 213 par seconde. »

Pour finir, une étude qui l'avait fait sourire mais qu'elle retenait néanmoins comme la moins mauvaise possible, avait fixé l'heure médiane du coït hebdomadaire à 22 h 34. Ce soir, à 22 heures, 34 minutes et zéro seconde, ils seraient donc 7 213 couples à travers le monde à jouir simultanément. « Au bas mot ! » ajoutait-elle à l'intention de John, quand ils en débattaient parfois, « puisqu'on est samedi soir ».

Songez-y, la prochaine fois que vous sacrifierez au conformisme du petit coït pépère du samedi soir. Juste un petit conseil gratuit, comme ça, en passant.

Vous, monsieur, quand vous pénétrerez son sexe fraîchement lavé sur le bidet de la salle de bains, peut-être rasé le jour même pour vous faire plaisir, vous penserez à tous ces autres sexes de femmes, tous ces vagins dans lesquels d'autres queues s'aventurent à cet instant précis. Quand vous sentirez la pointe de votre gland effacer les nymphes, se frayer un chemin le long des muqueuses soyeuses de votre partenaire, lorsque votre queue sera aspirée tout entière dans son vagin vorace, déjà trempé, vous aurez le sentiment aigu de tous les posséder, que le fuseau (horaire) dans lequel vous venez de vous engouffrer est un passage universel, une passerelle vers tous les autres sexes.

Vous, madame, ce n'est pas un seul râle qui grondera à vos oreilles. Ce n'est pas un seul orifice qu'on vous comblera, vous vous découvrirez autant de trous à faire jouir qu'il y aura, serrées les unes contre les autres dans cette petite minute, 22 h 34, de bites pour vous explorer.

Croyez-moi, ça vous rendra folle ce « raptus » mondial, cette noria de membres qui se jette sur vous, ces hordes déchaînées qui vont vous donner de la petite mort en série.

Voilà à quoi pensait John, voilà à quoi pensait Marie, le samedi soir.

-35 : 00

L'accès au bureau de John était strictement réservé. Un double verrou en interdisait formellement l'entrée et le store qui couvrait toute la baie vitrée constituait le meilleur des remparts contre les curieux de l'extérieur.

Engloutissant par intermittence le sandwich qu'il s'était préparé à la va-vite, il déballa avec délicatesse son apport du jour à la collection. Elle était magnifique. Quelle chance de l'avoir trouvée, mais aussi quelle heureuse coïncidence qu'il fût livré juste aujourd'hui. Après avoir enfilé ses gants de chirurgien, et empoigné une pince coupante, il la libéra des liens rigides qui la clouaient sur le socle cartonné.

— Bonjour, lui murmura-t-il avec douceur. Tu es belle, tu sais…

Un coup de pinceau pour éliminer toute poussière. Un pschitt (et un seul) d'aérosol lustrant. Elle était fin prête. John ouvrit la serrure de la plus grande vitrine, celle qu'il réservait aux pièces de choix, et la déposa sur un piédestal vide qui semblait n'attendre qu'elle.

-29 : 00

Ne me demandez pas comment, mais John et Marie avaient toujours réussi à cloisonner parfaitement leur vie de famille et leur activité professionnelle. En fait, la première des astuces qu'ils avaient trouvée était d'une simplicité proverbiale et suffisait pour l'essentiel :

conserver les mêmes initiales, malgré le glissement très notable de leur champ de compétences. C'est ainsi que, un beau jour de l'année 2007, *Self & Cie* était devenu *Sex & Cie*. S & C, tel que cela était mentionné sur leurs cartes de visite, sur les enveloppes ou encore sur les lettres à en-tête qui circulaient inévitablement dans la maison, s'était mué en… S & C ! Les enfants n'y virent que du feu.

Pour le reste, au quotidien, il suffisait de respecter à la lettre les quatre consignes suivantes :

- Ne jamais employer un terme équivoque ou évoquer un détail qui pourrait leur mettre la puce à l'oreille.
- Ne jamais rapporter à la maison un quelconque document ou objet échappé de l'Académie.
- Ne jamais faire venir à la maison aucun autre membre ou salarié de l'Académie.
- Et, cela va sans dire, ne jamais faire venir, sous aucun prétexte, l'un de leurs enfants ou de leurs proches – dieu merci, les parents de John habitaient à l'autre bout du pays et ceux de Marie reposaient quelque part en France – sur leur lieu de travail.

Au début, ils pensaient cela insurmontable et, les mois passants, ils avaient été surpris par la facilité avec laquelle ils menaient cette étonnante double vie. À vrai dire, ils trouvaient même cela plutôt sain. Au moins n'envahissaient-ils pas leur domicile avec leurs soucis de boulot. Au moins ne faisaient-ils pas, comme tant de parents, payer les mille contrariétés de leur vie professionnelle à leur progéniture. Quant à la vérité, eh bien ma foi, il serait toujours temps de leur en donner un aperçu plus réaliste, lorsqu'ils seraient en âge de comprendre. Dans quelques années tout au plus. Justin avait quoi, 13 ans ?

Avant de se lancer dans l'aventure, Marie avait lu une tonne d'articles sur le sujet. Elle avait même consulté, sur les conseils d'Elmer Blumm, un psychanalyste spécialisé dans l'accompagnement des hardeuses et autres prostituées. Tout le monde s'entendait pour dire qu'un enfant, quel que fût son âge, n'était pas en mesure de comprendre que ses parents – *a fortiori* sa mère – fassent du sexe leur gagne-pain. La dissimulation n'était pas une chose dont ils se réjouissaient ; mais c'était de toute évidence un moindre mal.

Le seul lien qu'ils conservaient avec le bureau était un accès au réseau de l'Académie, protégé par un impressionnant dispositif d'adresses cachées, de logins abscons et de mots de passe à 128 bits. Marie, qui ne coupait pas aussi facilement le cordon que John, veillait toujours à abaisser le loquet de sa porte avant d'y connecter son ordinateur portable. De là, le dos bien calé par un éboulis de coussins au moelleux irréprochable, elle pouvait accéder à toutes les données numériques disponibles sur le serveur central : fiches des clients, cours, plannings, comptes de la société et même le flux des caméras de surveillance en temps réel.

Caméra 1 – le hall : rien.
Caméra 2 – salle n° 1 : rien.
Caméra 3 – salle n° 2 : rien.
Caméra 4 – salle n° 3 : rien.

Et ainsi de suite jusqu'à la « salle des toys ». Là... tiens, c'était bizarre, une masse obscurcissait le champ de la caméra. Mouvante, comme secouée de spasmes. Ah, le haut d'un dos peut-être, des épaules... Mais qui pouvait être perché là ? À moins d'être debout sur une table bien sûr. La chevelure était blonde. L'inconnue tournait bien la tête de droite et de gauche mais jamais assez loin pour qu'on devine son visage.

C'est la face rubiconde d'Ada, les yeux bandés, les joues et les lèvres couvertes de fluides, que Marie vit surgir alors en contrebas. Il-elle se léchait les babines comme un enfant qui se barbouille de glace.

— Oh non, Ada, non, c'est pas vrai, gémit de dépit sa patronne.

Elle lui avait demandé de surveiller les caméras, pas de les alimenter !

-24 : 00

John avait sorti son sexe. Un drôle de sexe, mal fichu, un peu tordu, pas un premier prix de beauté au festival de la bite, ça c'était certain. Mais un engin assez long et surtout large malgré tout, qui emplissait généreusement sa main droite. Il commença à se caresser avec une extrême lenteur.

— Tu es vraiment bonne, on doit te le dire tout le temps… soufflait-il à l'intention de sa nouvelle pensionnaire.

Elle n'était pas la seule à qui il avait dû faire le compliment, vous pouvez me croire. Combien y en avait-il, réunies dans cette seule pièce ? Cent ? Deux cents ? Plus ? La dernière était chaque fois sa préférée, chaque fois la plus belle. Jusqu'à quand ? Cela aurait-il jamais une fin ?

Quatre cents yeux de poupées le regardaient se masturber en silence, le sourire figé, dans leurs tenues sexy, impeccables. Mais seul le regard de Jesse Jane lui importait ce soir. C'est pour elle qu'il bandait. C'est elle qu'il couvrirait de son foutre, malgré la vitre.

— Je vais t'inonder, tu m'entends ? s'emballait-il de la voix et du poignet. Et tu vas tout boire, ma belle, tout boire !

Sur son support en plastique translucide, le clone de Cyrella se laissait traiter comme une chienne, l'œil brillant de peinture bleue.

-18 : 00

Brad – « ce connard » – ne l'avait pas rappelée.

Elle avait pleuré un moment sous sa couette, puis elle s'était laissé envahir par les rêveries habituelles. Ce n'est pas le choix qui lui manquait. Depuis bientôt deux ans elle s'était composé une véritable garde-robe fantasmatique. Il n'y avait qu'à ouvrir la porte, et glisser au hasard la main dans la penderie des désirs.

Cette fois, c'était un astronaute, et tous deux volaient en apesanteur autour de la terre, lui dans sa combinaison argentée, et elle entièrement nue. De temps à autre, une étoile filante les frôlait et, à leur contact, de petites flammèches jaillissaient et venaient embraser le sexe de Juliet. Une lumière très vive s'y formait et, dans un frémissement de feu de Bengale, une boule rougeoyante allait et venait en elle, jusqu'à ce qu'une contraction qui lui secouait tout le bas de son dos n'expulse l'intruse, dans un sentiment mêlé de libération et de « trop peu ».

Parfois, dans une variante assez rare, le sexe de Brad venait se fondre à son propre vagin en fusion. Ce n'était pas vraiment une pénétration, en aucun cas comparable au passage de ses doigts ou de l'applicateur de tampon, sensations qu'elle connaissait bien maintenant. C'était autre chose, une impression assez confuse, à la fois plus douce, moins rugueuse, mais aussi source d'une sorte de désarroi, comme si elle ne s'appartenait plus tout à fait, comme si on lui greffait une extension d'elle-même, une nouvelle aile de la station orbitale qu'elle était devenue.

Dans ces moments-là, elle ne contrôlait plus rien.

-15 : 00

Brad – « ce connard » – pouvait bien sauter sa sœur. Au fond, Justin s'en fichait pas mal, quoi qu'en dise Barney, son meilleur pote, qui le soupçonnait de branlettes vaguement incestueuses.

C'était déjà vieux, tout ça. Depuis qu'il avait découvert my3sex.com, ses plaisirs solitaires étaient entrés dans une tout autre dimension. En quelques clics il s'était créé une « chatte virtuelle », qu'il soignait et dont il alimentait la vie intime comme on s'occupe d'un Tamagotchi. On pouvait se rêver en mode « queue », « chatte » ou « herma » (pour hermaphrodite), et fantasmer sa sexualité à l'avenant. Ce que Justin appréciait par-dessus tout, ce qui le portait à chaque fois au bord de l'éjaculation sans même avoir à se toucher, c'était d'imaginer plusieurs glands qui se disputaient l'entrée de « Dolly », l'alias de son « pussy[1] » rien qu'à lui. Le balai des bourgeons turgescents sur « sa » vulve, humide, générait une onde qui excitait au plus haut point son avatar sexuel. D'un doigt sur la souris, il pouvait décider ou non de laisser pénétrer l'un d'entre eux. Jusqu'ici, il ne l'avait jamais fait, et c'est ce suspense, cette incertitude qui lui faisait exploser le slip et les neurones.

-11 : 00

Pourquoi diable s'était-il-elle laissé bander les yeux ? C'était quoi ce nouveau jeu ? Un cache-cache clito ?

Le cunnilingus n'en finissait pas. De toute évidence, le sujet de dos n'avait pas l'orgasme facile. Le gémissement caractéristique montait, montait, atteignait un plateau, puis retombait inexorablement. Pourtant, la grosse figure d'Ada s'activait comme une machine entre les jambes écartées.

---

1. Pussy : chatte en anglais.

-09 : 00

Un peignoir jeté sur les épaules, l'œil aux aguets, le sexe dépassant entre les pans soyeux dès qu'il pressait le pas, John gravit l'escalier à toutes jambes. Et se fracassa un orteil et un genou sur la porte fermée à double tour.

— Aïe, la vache… Marie ! Marie, ouvre, c'est moi !

— John ? répondit une voix embuée de l'autre côté de la porte.

-07 : 00

Juliet ne voulait plus de poussières d'étoiles ou d'astéroïdes. Elle voulait sa queue, bien terrestre, bien dense, bien à lui. À défaut, elle glissa son index, puis son majeur, puis les deux réunis, dans cet océan qui bouillonnait entre ses jambes.

-05 : 45

La fille blonde ne produisait plus un seul son. Juste une respiration haletante, à peine audible. « C'est bon signe, non ? » songeait la grosse langue d'Ada.

-05 : 22

En appuyant en même temps avec le pouce sur la touche de fonction F1 du clavier, Justin découvrit qu'il pouvait bloquer l'un des sexes à quelques millimètres à l'intérieur du sien. Pas très pratique, tout ça, mais la paume de son autre main effectuait des mouvements de rotation de plus en plus rapides sur le sommet de son gland.

-05 : 03

John n'avait pas écouté Marie qui maugréait en regardant l'écran de son portable, « Mais quel(le) andouille, quel(le) andouille ! Baiser avec Cyrella, il nous manquait plus que ça ! ».

Il avait tiré la culotte à lui, une culotte pourtant tout ce qu'il y a de plus ordinaire, comme s'il s'agissait d'un reliquaire. À peine quelques coups de langue pour la mouiller ce qu'il fallait puis il s'engouffra en elle sans attendre qu'elle en donne le signal ou un quelconque geste de consentement.

Faut-il le préciser, ce n'avait pas toujours été comme cela. Marie se souvenait – non sans nostalgie – des heures qu'il avait pu passer à la lécher, s'abreuvant selon ses propres termes à la « fontaine originelle », lapant comme un dogue assoiffé, jappant de plaisir à sentir sous ses papilles les milliers de capteurs sensoriels de sa femme vibrer à l'unisson, ivre des parfums que son nez inquisiteur parvenait à glaner à la base du capuchon, à l'orée des grandes lèvres ou, quand il plongeait sa sonde pour de bon, dans les méandres fascinants de son vestibule.

Avec les années, l'exploration passionnée s'était mue en convention polie. Pour varier, il lui arrivait même d'oser des pratiques dont il savait pertinemment que ce n'était pas trop « son truc », comme téter le clitoris découvert entre ses lèvres réunies, ou appuyer toute la longueur de son majeur sur la fossette naviculaire, cette « sortie » du vagin qui, au sud de ce dernier, s'ouvrait en pente douce sur le périnée.

Depuis toujours, Marie et John avaient fait du sexe leur thérapie de couple. À chaque fois qu'ils avaient un souci, de quelque nature que ce fût, ils faisaient l'amour, comme ça, « juste pour s'éclaircir les idées ». Et puis, c'était samedi soir ! Si eux ne faisaient pas l'amour ce soir-là, alors, où allait-on ? Qui le ferait encore, dans dix, quinze ou vingt ans ? Baiser n'était pas un devoir conjugal, baiser était pour eux un devoir social, économique, humain. Ils se le devaient autant qu'ils le devaient à tous ces hommes et femmes qui leur faisaient confiance depuis deux ans.

-03 : 31

Oh non, cette fois c'en était trop, Justin allait craquer, il n'en pouvait plus ! Il allait laisser entrer tout à fait la plus grosse des bites qui cognaient à la porte de « Dolly ». Tiens, celle-là, elle ressemblait un peu à la sienne, en version king size. Oui, celle-là !

-03 : 15

— Oh Brad, Brad, mets-la-moi, s'il te plaît, mets-la-moi ! Maintenant !

À travers la voie lactée, Juliet crut percevoir un son incongru. Une sirène peut-être. La sonnerie de son portable ? Au moment où l'astronaute Brad Bradford entrait enfin en elle, elle vit son prénom clignoter sur l'écran LCD : « BRAD. »

— Oh non, Brad, non, pas maintenant...

-02 : 28

Voilà, cette fois, c'était parti. L'ascension ne connaîtrait plus d'arrêt ou de brusque retour en arrière. La blonde balançait son bassin, bien décidée à donner le dernier coup de reins pour parvenir au sommet. Elle avait fléchi légèrement ses jambes et, ainsi placée sous l'œil de la caméra, on devinait enfin son profil, élégant, racé.

-01 : 52

« Fanny ? ! » s'étonna Marie, avant d'être secouée par un rire irrépressible. « Fanny, c'est Fanny ! » pleurait-elle quasiment de joie, soulagée de cette banale incartade entre collègues.

Sur elle, John besognait sans vraiment l'écouter, une main pressée à la base de son scrotum pour retarder l'instant décisif.

— Marie, bon sang... je vais venir... caresse-toi, chérie..., grogna-t-il.

Sur commande, elle convoqua la silhouette de Mark, bronzé, glabre, le sexe moulé par un maillot de bain, un boxer rouge odieusement ajusté, et commença à s'effleurer en douceur.

-00 : 17
« Ohhhh… » – Fanny.

-00 : 11
« …mon… » – Justin.

-00 : 09
« …dieu… » – Juliet.

-00 : 06
« …non… » – Marie.

-00 : 03
« …je… » – John.

-00 : 01
« …viiiiieeeenns !… »

-00 : 00
Ce soir-là, à très exactement 22 h 34, 7 213 couples au moins avaient joui à la même seconde. Bien plus encore, probablement, si l'on considérait que l'on était samedi soir, le soir des gros câlins. 7 213 couples et, dans une maison de Verona, quatre personnes. Plus une autre, non loin de là. Mais si toutes avaient connu l'orgasme, toutes l'avaient connu… seules.

Jersey City – New Jersey –
Imprimerie Stark & Son

— Oh mon dieu, Harry, pince-moi, c'est trop beau !

Beau joueur, il lui avait laissé le privilège de retirer la toute première épreuve de une des mâchoires de la rotative. Elle n'en revenait pas. C'est fou ce que son « zèle » avait payé. Largement au-delà de ses espérances. Elle le gratifia d'un chaste baiser sur la joue, qui lui tira un sourire un peu amer.

« Éducation... ou prostitution ? » titrait l'édition dominicale du *Verona News*. Les allégations de Samantha, la complaisance complice des Pellegrino, l'arrivée tapageuse de Cyrella à l'Académie, la veille, tout y était. C'était un rêve. Harry s'était juste montré un peu frileux sur la photo illustrant l'article. Plutôt qu'un portrait des différents protagonistes, il avait penché pour une vue d'ensemble du bâtiment de Prospect Avenue, plus neutre.

Ce soir-là, à 22 h 34 très exactement, Amanda Dichs avait joui, elle aussi.

À sa manière...

Chapitre 6

Le chocolat miniature du dimanche 3 décembre avait un peu fondu – toujours cette chaleur étonnante, étouffante – et il était impossible de déterminer ce qu'il avait bien pu représenter. En revanche, celui qu'offrait la fenêtre du lundi 4, conservait une forme tout à fait explicite : celle d'une bonne grosse paire de couilles.

Et des *cojones*, comme aurait dit Arturo, qui au passage avait attaqué la seconde ligne de la sentence qu'il gravait à l'entrée, il allait en falloir de conséquentes, à certains de nos protagonistes, pour affronter une journée comme celle-là. Croyez-moi.

Sex & Cie, *la chambre de Cyrella*

Avec les années, elle avait développé un sixième sens pour ça. Une sorte de radar, un détecteur capable de repérer le moindre appareil photo, même un jetable, même un numérique miniaturisé, à plusieurs dizaines de mètres à la ronde.

Aucun flash n'avait encore crépité ce matin-là, qu'elle se sentit prise d'une étrange nervosité. Le programme de la journée n'était pas fait pour la rassurer. Après une journée d'acclimatation, une journée de théorie et une journée de repos – la veille, elle avait avalé deux Lexomil et émergé en toute fin d'après-midi – les choses sérieuses allaient enfin commencer. La pratique. Plus moyen de tergiverser, plus le temps de tortiller du cul et de jouer sa star. Qu'elle le veuille ou non, aujourd'hui elle allait être une paire de seins, une paire de fesses et un sexe comme tous les autres. Ni plus, ni moins…

Horaire	Intitulé	Salle	Intervenant
9 am - 11 am	Vertus et usages des principaux sex toys	Salle des toys	John Pellegrino
11 am - 13 pm	Atelier fellation	n°2	Dominique D.
15 pm - 16:30 pm	Atelier massage libre au spa	Spa	John & Harriet Samuels
17 pm - 18:30 pm	Atelier masturbation féminine	n°1	Fanny Lee

La matinée l'effrayait moins que les deux ateliers de l'après-midi. Le second, plus particulièrement. Qu'est-ce à dire ? Il allait falloir se caresser devant ses petits camarades ? Leur montrer… TOUT ? !

BONG !

Cyrella ne put réprimer un cri, suraigu. Le visage du type se collait à la vitre, en partie déformé par la pression, sous la poussée des autres qui s'agglutinaient déjà dans son dos. Ils étaient combien ? Une dizaine ? Une vingtaine ? Il ne semblait pas y avoir encore de caméra, mais cela n'allait plus tarder, c'était évident. Qu'elle se fasse surprendre en fâcheuse posture, qu'elle demande un droit de réponse ou qu'elle se réconcilie en direct avec son mari de la saison, les moments importants de sa vie se jouaient toujours devant une caméra.

BONG ! BONG ! BONG !

— Cyrella ! Cyrella ! Miss Walker !

FLASH ! FLASH !

— Cyrella, juste un mot pour *People Magazine* !

BONG ! FLASH !

— Cyrella, Debrah Jones, *News America,* qu'avez-vous à répondre à ces nouvelles rumeurs ?

Mais quelle idée d'avoir installé une telle école dans un bâtiment de plain-pied ! Fallait-il être bête ! Elle eut beau tirer au mieux le rideau jaunâtre, beaucoup trop transparent, l'essaim continuait à vrombir de l'autre côté, à quelques centimètres d'elle. Elle était tétanisée.

— Cyrella ! Cyrella vous m'entendez ?

Marie était entrée sans frapper, transgressant la plus élémentaire des règles de politesse. Peu importe, il y avait urgence, elle l'avait tout de suite compris à la tête d'un(e) Ada bredouillant(e), venu(e) l'avertir qu'une bande de types un peu louches rôdait à l'arrière de l'aile des pensionnaires.

— Cyrella, répondez-moi ! Je suis désolée ! Ça n'arrivera plus, vous m'entendez, je vous en fais ma promesse, poursuivit-elle d'une voix inhabituellement douce. Ada s'en occupe.

En effet, à l'extérieur, deux énormes pognes s'étaient abattues sur les plus menus d'entre eux, dissuadant assez vite les autres de s'accrocher. Peu importe, ils reviendraient, braillèrent quelques téméraires. Lorsqu'ils furent dispersés, il-elle ramassa par terre, simple réflexe, un tabloïd piétiné, à moitié déchiqueté. Le titre de une surplombait un vieux portrait de Cyrella, pas vraiment à son avantage, pris il y a plusieurs années dans un club gay de Manhattan : « Est-ce Elle ou Lui ?[1] »

---

1. « *Is this a She or a He ?* »

Preuve éclatante de la puissance des réseaux de commérage dans ce pays ? Ou était-ce juste un effet de l'immense popularité de Cyrella Walker ? Près de dix ans avant Paris Hilton et ses frasques en mondovision, Cyrella avait créé un people d'un nouveau genre, la célébrité qui ne doit sa notoriété à aucun talent ni aucun fait d'armes particulier, mais seulement à son immense fortune et à sa capacité, jamais démentie, à alimenter les médias de ses nouvelles excentricités.

Toutefois, la quarantaine allègrement passée, Cyrella aspirait juste à un peu de repos. Elle n'en pouvait plus de ces rapports incestueux avec les médias, de ce déballage permanent. Si elle rechignait désormais à livrer sa vie privée en pâture, ce n'était pas un nouveau moyen d'exciter la curiosité des journalistes, ce n'était pas une pose. Mais comment les en convaincre ? Comment leur faire comprendre que ce n'était pas un jeu de plus, une manière de se faire désirer encore et encore ? Comment retirer la ficelle sous leur nez sans les faire réagir comme des chatons surexcités ?

En étalant les deux journaux côte à côte sur son bureau, Marie ne sut si elle devait hurler de colère ou soupirer de soulagement. L'article du *Verona News* était une catastrophe, une pierre de plus que cette vipère d'Amanda Dichs avait lancée dans leur jardin, un élément qui ne manquerait pas de peser à charge lors des audiences, et quand bien même Mark tenterait de les rassurer en soutenant que cela ne pouvait constituer un élément de preuve recevable ; sans parler de la trahison d'Harry Grafenberg, auquel ils avaient accordé leur confiance depuis le tout début. Combien avaient-ils dépensé en pub chez ce Judas ?

— Alors, ça réagit comment ? demanda-t-elle à John qui entrait à l'instant dans la pièce.

— Comme tu l'avais prévu : il n'y a qu'Elmer qui a semblé vaguement inquiet, mais tous les autres ne parlent que de Cyrella.

— Mouais… On a de la chance que ça fasse diversion. Par contre, elle, j'ai bien peur qu'on la perde.

— Pas si sûr, je viens de l'installer à l'atelier « toys », ça avait l'air d'aller.

— Hum, faudrait pas non plus qu'elle nous pète un câble en plein exercice. On n'a pas besoin de ça.

— Ça dit quoi, au juste, s'informa John en saisissant le journal en lambeaux.

— Oh, les bêtises habituelles, qu'elle a deux sexes, ou qu'on ne sait pas bien quel est son vrai sexe, ce genre de bouillie…

— D'où ils sortent ça ? Ils ne nous citent pas, au moins ?

— Non, non, apparemment c'est un réseau qui suit les people à la trace, une vieille folle qui prétend que sa fille a vu Cyrella à poil. Tu vois le genre, la femme qui a vu la femme qui a vu la chatte…

— N'importe quoi… grinça-t-il en parcourant le torchon.

— Hahum, Marie se racla la gorge en fixant son homme.

— Oui, enfin, tu m'as compris, répondit-il avec un geste évasif.

— Je suis surtout inquiète pour les enfants. Faudrait pas qu'ils tombent là-dessus, dit-elle en agitant le *Verona News*. OK, y a pas de photo, mais on est nommé, tous les deux.

— J'ai déjà appelé Harvey, il me met tous ses exemplaires de côté.

— C'est déjà ça, mais Harvey n'est pas le seul kiosque de la ville…

— Mouais, et puis on n'est pas à l'abri d'un camarade bien intentionné.

John avait raison, tout à fait raison, même.

Dans la classe de Justin, le très charitable Barney avait découpé l'article, qu'il s'apprêtait à montrer à son ami, quand une camionnette de livraison destinée à la cantine scolaire le faucha à quelques mètres seulement de l'entrée du collège. Inconscient, il fut immédiatement admis au St Lukes Hospital, le plus proche dans le comté d'Orange[1]. Un accident dont il se remit assez vite, je vous rassure.

Jason, le plus « débile » des élèves du lycée, selon Juliet, avait prévu pour sa part de photocopier l'exemplaire paternel mais la vieille Xerox surchauffa, brûla l'original, et manqua de peu de ficher le feu à toute la maison. La dégelée qu'il se prit ce matin-là, sans même avoir eu le temps d'avaler son petit déjeuner, occupa si bien ce qui lui restait de cerveau qu'il ne songea même plus à taquiner la très bandante Juliet Pellegrino.

Quant à Brad, il avait bien lu le papier du *Verona News*, mais il était si contrarié de ne plus avoir de nouvelles de sa douce Juliet depuis deux jours, malgré la bonne dizaine de messages qu'il lui avait laissée, qu'il ne fit même pas le rapprochement entre ces John et Marie Pellegrino dont il était brièvement question et les parents de sa dulcinée.

Parfois, il y en a certains qui passent vraiment entre les gouttes.

Mais combien de temps encore ? Combien de temps... ?

---

1. Verona est une trop petite localité pour disposer de son propre hôpital.

Villa d'Amanda Dichs – Montrose Avenue

Un pancake en tomba par terre. Amanda jetait ses crêpes surnuméraires, comme chaque jour que Dieu faisait, quand la sonnette de l'entrée retentit. Elle ne vibrait plus guère, elle non plus, et l'événement était assez exceptionnel pour que sa propriétaire en lâchât au fond de la poubelle l'assiette qu'elle tenait.

Qui envoie encore des télégrammes de nos jours, à votre avis ? Un hibernatus[1] congelé depuis cinq bonnes décennies ? Une grand-mère ? Un nostalgique ? Ou un lâche, peut-être... Ou un lâche sans connexion à Internet. Elle signa le reçu en tremblant.

Chère Amanda | Stop | Impossible témoigner au tribunal | Stop | Trop douloureux pour moi | Stop | Je ne retire pas ma plainte | Stop | À vous de jouer | Stop | Bonne chance | Stop | Samantha

On entendit son cri dans toute la partie nord de Montrose Avenue, c'est probable. Quelques voisines passèrent la tête par la fenêtre mais, comme rien ne suivit, elles ne poussèrent pas plus loin leur investigation.

Qu'est-ce qui avait bien pu faire renoncer cette paumée ? Comment pouvait-elle la poignarder, maintenant, alors que tout se mettait si bien en place ? Quoi... ou plutôt qui ?

— Harry ? Harry je t'en supplie décroche... Je... J'ai besoin de te parler... Je crois que je vais faire une bêtise... Rappelle-moi... Rappelle-moi...

Il lui avait fallu une bonne heure avant de pouvoir parler de nouveau. Sa voix était méconnaissable, alté-

1. Référence à la pièce de Jean Bernard-Luc et au film qu'en tira Edouard Molinaro, avec l'inoubliable Louis de Funès.

rée par l'émotion, réduite à un filet aigu et chevrotant. Harry bougerait-il seulement le petit doigt, elle en doutait, maintenant qu'il avait eu son compte. Seigneur, c'était donc ça, comme toujours, elle ne pouvait donc compter que sur sa foi, et sur elle-même.

Effondrée, résolue, une fois habillée elle sut qu'elle n'avait plus d'autre solution. De toute façon, elle avait déjà allègrement franchi la ligne jaune, non ?

La bicoque des Vasquez

— Mais enfin maman, comment tu as pu me faire ça, c'est pas possible !

Amelia Vasquez avait replongé dans son « mautisme[1]», immobile, à peine un battement de cils de temps en temps. Grâce à sa mère et sa folie grimpante, elle n'avait pas échappé aux quolibets des collègues de la section : « Dis donc, Gina, c'est pas cette richarde que t'as contrôlée l'autre jour ? Là-dedans ils disent que tu l'aurais vue à poil ! Dis-moi pas que c'est pas des conneries... »

— C'est ça qui va se passer, maintenant, hein ? Dès que je vais te raconter un truc tu vas aller le cafter à ces charognards de journalistes de merde ?!

— ..., cligna Amelia sans un mot.

— Putain, mais on nage en plein délire !

Oh que oui, mes agneaux, en plein délire. Car ce qui souciait le plus Gina Vasquez, ce matin-là, ce n'était ni les coups de surchauffe de sa mère, ni même les railleries de ses homologues masculins, toutes choses auxquelles elle était rompue. Non ce qui obsédait

1. Mutisme + autisme ?

littéralement l'agent Vasquez, déjà en tenue, prête à rejoindre son itinéraire de patrouille, c'était la même et même image encore...

— Fish Creek[1] 5 ? Fish Creek 5, tu m'entends ? Vasquez, nom de dieu, réponds, on a un code 42. T'es demandée en renfort à Prospect Avenue ! Bouge ! Vasquez ? !

Toujours la même image. Un sexe de femme. Large ouvert. Offert.

Le cabinet de Mark Robinson

Celui que dévorait le brillant avocat au même moment n'était pas mal non plus. Oui, au palmarès des stagiaires de l'année, cette petite Trishia ne serait pas la dernière. Et qu'il en coulât un jus sucré sur ses dossiers en cours n'était pas un problème. Enfin, pas pour l'instant. Son seul souci du moment était d'en laper autant qu'il pouvait, à grands coups de langue appliqués.

À l'usage, il avait défini ses critères de prédilection en la matière. Et, s'il fallait passer la petite Trishia Demembha – quelle origine, déjà ? – au crible de cette check-list peu commune, eh bien, autant le dire franco, elle le satisfaisait tout bonnement et en tous points.

Des poils, mais pas trop non plus —

Clairs, mais pas blonds ou roux pour autant —

Des grandes lèvres discrètes, pas trop charnues —

1. Nom d'un quartier de Verona, à proximité du Beach State Park.

Il croqua légèrement celles-ci avec ses incisives, comme si cette partie du fruit allait donner plus de pulpe encore que le reste.

Des nymphes[1] rosées, souples, en ailes de papillon mais pas trop saillantes —

Avec ses lèvres il aspira l'une, puis l'autre, tirant à la jeune femme un gémissement rauque, profond.

Un capuchon clitoridien assez marqué mais assez ouvert aussi pour laisser deviner le bouton en dessous —

La pointe de la langue s'immisça sous le repli de chair. La diablesse avait bon goût qui plus est. Une fraîcheur qui dénotait une bonne hygiène et juste ce qu'il fallait aussi d'humeur et de macération. S'il n'avait aucun appétit pour les sexes par trop négligés, il n'en pouvait plus de ces moules à l'eau de rose industrielle, décapées au Karcher de leurs craintes et de leur pudibonderie. Mais quand les femmes comprendraient-elles que l'immense majorité des hommes adulaient ces odeurs qui les incommodaient elles ? Quand cesseraient-elles de s'inonder chaque jour l'abricot d'une eau calcaire, nuisible à l'acidité naturelle et si précieuse de leur flore vaginale ? Quand mettraient-elles à la poubelle tous ces savons, ces gels douches ou, comble de l'abomination, ces lotions soi-disant conçues pour « respecter l'équilibre de leur intimité » ?

Pour récompenser ses efforts, un filet de cyprine délicieusement acidulée ruissela sur sa lèvre supérieure et, à l'aide d'une brève grimace, il releva le jus frais jusqu'à son nez. Elle avait des saveurs de fruit, de *smoothie* tout

1. Ce qu'on appelle communément les « petites lèvres ».

juste centrifugé, quelque chose entre la fraise, la goyave et le kiwi. Oh oui, voilà ce qu'il lui aurait fallu tous les matins à son petit déjeuner.

Un instant il se souvint de Caroline, une délicieuse Eurasienne dont les sécrétions fleuraient si bon le vin de Champagne, qu'il ne résistait pas au plaisir d'en sabrer une bouteille à chaque fois qu'il s'attardait entre ses jambes, se gargarisant du nectar avant d'en recracher de courtes giclées dans le sexe de la belle, puis ouvrant large le bec au seuil de son vagin pour récolter le mélange divin, fruit de la vigne et de la femme, qui s'écoulait comme un petit ru des champs, dans un joyeux gazouillement.

Un mouvement de bassin impatient le ramena à Trishia.

Un vestibule vaginal net, frais, entrouvert, ni écartelé ni boursouflé —

— Mark ? Mark ? ! Maaark… Mark, vous m'entendez ?

La fille avait-elle joui ? Avec l'intrusion de l'interphone, son excitation à lui retomba aussitôt. Il donna sur ses fesses d'une réjouissante fermeté une claque qui valait pour congé – provisoire – et appuya à tâtons sur le bouton de l'interphone, remontant d'une main caleçon de soie et pantalon en microfibres.

— Sophie, quoi ? ! aboya-t-il, passablement frustré.

— J'ai le juge Richards qui insiste sur la une depuis dix minutes, ça a l'air important.

— Hum, d'accord, donne-moi quinze secondes et passe-le-moi.

Quinze secondes, Sophie savait ce que cela voulait dire de son emploi du temps des dix minutes écoulées. Elle aussi, à son arrivée, elle avait posé ses fesses sur le plateau en ébène du bureau directorial. Et puis elle avait eu un bébé, gagné du galon mais aussi quelques vergetures. Dégringolade des fantasmes et remontée du pantalon.

— Envoie la purée, chérie !
— Mark Richardson ?
— Robinson, lui-même.
— Je suis le juge Anthony Richards, procureur général du comté d'Essex.
— Bonjour Votre Honneur, que puis-je pour vous ?

Cette petite Trishia était une ambitieuse, ça se confirmait.

— J'ai eu, comment dire... disons « la désagréable surprise » ce matin d'apprendre que dans l'affaire qui implique deux de vos clients, Mr et Mrs Pellegrino, le principal témoin se rétractait.
— Ah, en effet c'est une surprise, Votre Honneur, surjoua Mark, tandis que son sexe gonflait dans la bouche si suave de la jeune métis.
— Ne jouez pas au malin avec moi, Richardson...
— Robinson, Votre Honneur, Robinson.
— Peu importe, et gardez les « Votre Honneur » pour le jour de l'audience, vous en aurez besoin.
— Je ne comprends... paaaas.

Bon sang, cette fille avait un volcan dans la gorge ! Si elle persistait à l'aspirer aussi profond, il allait finir par gicler dans l'oreille de ce bon vieux juge Richards.

— La plainte court toujours, Richardson, et je ne sais pas ce que vous êtes allé dire à cette pauvre fille... Comment déjà... Parker ?
— Baker, Samantha Baker.
— Voilà, exact... Mais je tenais à vous dire que je ne suis pas dupe. Vous pourriez dégager un à un les

témoins à charge, que je m'en tiendrais toujours à mon intime… Ah, fichue mémoire, comment dit-on déjà ?

— Con… bégaya Mark, dont la queue venait de pénétrer la fleur odorante qu'il butinait il y a quelques minutes encore.

— Con… ? s'étonna Richards.

— Con… Oh oui, conviction, Votre Honneur, conviction.

— Exactement, jeune homme, mon intime conviction. Vous m'entendez, Richardson ?

Trishia avait dégagé complètement le sexe de son patron et, la croupe tendue à l'extrême, cambrée au mieux de sa souplesse, elle était venue se ficher sur cette magnifique érection. D'une main autoritaire, il immobilisa son bassin. Il n'aimait rien tant, son sexe introduit dans celui de sa partenaire, que de sentir sa queue palpiter, se contracter comme un cœur qui bat, au rythme des afflux de sang dans les corps caverneux de sa verge. Avec le temps, il avait appris à maîtriser ce que tant d'hommes subissaient et il pouvait se vanter d'avoir fait jouir certaines femmes par la seule vertu de ces soubresauts. Une brève contraction des muscles sis dans le périnée suffisait d'ordinaire à provoquer une saccade d'une bonne seconde, parfois deux ou trois de suite. En respirant profondément, par le ventre, il pouvait imprimer un mouvement presque continu, qu'il n'avait plus qu'à orienter sur telle ou telle zone plus sensible dans l'orifice de celle qui recevait ce drôle de bourdon.

— Tout à fait Votre Honneur ! Je vous entends… parfaitement.

— J'espère bien. Et pas la peine de venir remuer de la queue au tribunal avant l'audience, suis-je assez clair.

— Oh, Votre Honneur, ce n'est pas dans mes habituuu…

Cette fois il était à deux doigts de venir. Sentant l'imminence, il libéra ses hanches et autorisa la fille à onduler amplement, aspirant son sexe un peu plus à chaque vague, massant les zones les plus sensibles de son gland aussi bien qu'elle l'aurait fait avec sa main ou les parois huileuses de ses joues, jouant de son vagin comme d'un véritable gant.

Chaque passage enveloppait l'ensemble de son sexe et traçait en Trishia comme un sillon, comme une voie à l'intérieur d'elle qu'il plut à Mark d'imaginer, à cet instant, qu'elle était unique, inexplorée par d'autres que lui. Certains escaladaient des montagnes par de nouvelles faces, lui, il aimait à penser qu'il faisait l'amour aux femmes d'une manière inédite. Pas forcément meilleure, ou plus efficace, mais nouvelle pour elles.

Ce ne devait pas être une totale lubie, car la jeune femme accéléra la cadence et se mordit la lèvre inférieure, réprimant un cri qui se mua en un « Hummmmm » rauque et profond.

— Au revoir, Richardson !

Le juge fossile claqua le combiné sur son support d'un coup sec.

« Ooooohhh NON ! » Cette fois, la victoire était assurée. Ce crétin sénile venait de lui confirmer que son petit travail d'intimidation avait suffi à désarmer presque totalement la partie adverse. Que leur restait-il désormais, à ces minables ? Les divagations d'Amanda Dichs ? Les papiers sans queue ni tête du *Verona News* ? Trishia semblait partager la bonne nouvelle car elle jouit à son tour, quelques secondes plus tard. Lâchant la bride qui muselait son hurlement depuis de longues secondes, elle cria longuement, avec de petites quintes qui évoquaient plus une crise de sanglots qu'une vilaine toux.

C'était au tour de son sexe de clignoter autour de la queue de Mark, pressant le sexe de ce dernier comme une poche pâtissière, décidé à en extraire tout ce qu'il pouvait lui donner. À mesure que les contractions s'espacèrent, elle s'affaissa contre lui, visiblement épuisée.

Elle n'était plus en mesure de se poser la moindre question, ou de tirer le moindre enseignement de ce qui venait de se passer entre elle et Mark Robinson. Mais si « coucher avec son patron par ambition » consistait à jouir de la sorte... elle n'était pas près d'arrêter !

— Je crois... Je crois bien que ton cul me porte chance, lui dit-il avec le plus grand sérieux, soufflant sur son dos comme une bête harassée.

Comme quoi on pouvait être un avocat réputé, un homme élégant et l'un des meilleurs coups de la ville, et néanmoins d'une absolue vulgarité, se dit la jeune femme en éjectant d'un coup de reins la queue déjà flétrie de son patron.

CQFD. Cette Queue Fanée à Dégager.

Le bureau d'Harry Grafenberg

Si Harry Grafenberg avait disposé d'une lunette astronomique, il aurait découvert que, par une curieuse coïncidence topographique, en orientant l'instrument à 90° Ouest, à un angle exact de 90° par rapport au niveau du sol, son œil plongeait directement sur le bureau de Mark Robinson ; droit sur lui et tous ses secrets.

Mais il l'ignorait, bien sûr et, pour l'heure, c'est l'assemblée de ses plus fidèles collaborateurs, réunis dans son bureau, des journalistes pas vraiment de la première fraîcheur, qu'il fusillait du regard. On distinguait bien une femme ou deux dans le tas, mais pas de quoi s'exciter non plus.

— Comment on a pu se faire griller sur un coup pareil ? Bob, rappelle-moi, tu habites à combien de blocs de Prospect Avenue ?

— Deux blocs, Harry, murmura un chauve bedonnant qui regardait ses pieds.

— Deux blocs ? ! C'est ça deux blocs... et tu te fais prendre de vitesse par des péteux de Manhattan qui hier encore ne savaient même pas situer Verona sur la carte ? Non mais j'hallucine... j'hallucine...

— Harry ?

— Quoi encore ? !

— Harry, vous avez Amanda Dichs sur la deux.

— Rien à foutre ! beugla-t-il. Balancez-la sur la messagerie.

— C'est au moins son troisième message de la matinée...

— Je vous épelle « Rien à foutre » ou ça ira comme ça ?

Il revint à son équipe de bras cassés. Car tout le problème d'Harry Grafenberg, ce n'était pas qu'il dirigeait un journal minable, écrit par des minables, dans un bled dont personne n'avait jamais entendu parler. Ou qu'il eût échoué quatre fois à prendre d'assaut la mairie. Non, ce qui dévorait depuis toujours Harry c'est que, dans ce bac à sable ridicule, il n'avait jamais renoncé à ses rêves de grandeur.

— Maintenant soyons bien clairs... Bob, puisque tu es sur place, n'est-ce pas, tu me quadrilles le périmètre, tu interroges le voisinage, tu fouilles les poubelles de cette satanée école, tu lèches l'asphalte devant l'entrée s'il le faut... Mais tu ne me laisses plus rien passer !

» Francky, tu sors le 300 mm et tu essaies de me choper des images, n'importe quoi, tout ce qui me permettra de titrer « Mais que se passe-t-il vraiment à *Sex & Cie* ». Compris ?

— Compris, soupira l'espèce de zombie grisâtre.

— Louisa, ma chérie, tu t'achètes une perruque, tu demandes une avance à la compta et tu te pointes là-bas dès cette après-midi.

— Hein ? ! Mais Harry, je...

— Je te demande pas d'enlever ta culotte, nom de dieu ! Tu t'inscris pour deux ou trois jours de stage, tu prends un peu sur toi... et tu pousses les portes, si tu vois ce que je veux dire. *Capice* ?

Prospect Avenue – sur le perron de Sex & Cie

— Je peux vous aider mademoiselle ?

Elle hésitait, blanche, presque grelottante malgré la chaleur. Ada, qui avait lâché un temps ses caméras pour s'improviser vigile à l'entrée de l'Académie, l'avait repérée de loin. Elle avait cadenassé son vélo à un réverbère à plusieurs centaines de mètres de là, histoire de ne pas s'attarder devant le bâtiment. Puis elle avait remonté l'avenue sur le trottoir opposé, avait fait semblant de consulter la messagerie de son portable, juste en face, manège classique des timides et des frileux, et avait fini par traverser la large artère sans même prendre garde à l'absence de voitures, qui filaient souvent à vive allure sur ce tronçon vierge de feux et de croisements.

Ce n'est que lorsque la jeune femme avait monté les premières marches qu'il-elle avait compris à qui il-elle avait affaire. La publicité involontaire de ces deux derniers jours avait provoqué un afflux de clientèle plus « locale », assez différente des stagiaires ordinaires, ces cadres sup' friqués des grandes agglomérations. Il y a une heure encore, deux femmes du coin s'étaient inscrites pour des stages de courte durée.

— Non, je... Je voudrais juste m'inscrire.

La photo la plus récente sur le bureau de Marie datait un peu, mais c'était bien elle, Ada en était sûr(e) maintenant.

— Hum hum, bien sûr, je vois... Est-ce que je peux vous demander votre âge ?

Elle avait grandi, et mûri, depuis ce cliché. Elle était désormais une jeune femme magnifique. C'était si émouvant de la voir enfin. Après avoir veillé toutes ces années sur ses parents, voilà qu'il-elle était en position de s'occuper aussi de leur fille, la fille de John, la fille de Marie. Il-elle en aurait presque pleuré de joie.

— Dix-huit ans, j'ai dix-huit ans, mentit Juliet avec assez d'aplomb.
— Vous m'excuserez, mais... est-ce que je peux voir votre carte d'identité ? lui demanda le(a) géant(e).
— Euh... c'est que je ne l'ai pas sur moi, feignit-elle de fouiller ses poches. Vous voyez, j'ai...
— Bien sûr, bien sûr, opina Ada avec un ton presque affectueux. Eh bien vous savez ce que je vous propose ? Revenez quand vous aurez vos... quand vous aurez votre carte sur vous. On est bien d'accord ? pesa-t-il-elle ses mots.

Juliet fit une moue mi-gênée mi-dépitée et repartit sans un mot.

Mince, elle ne s'attendait pas à un contrôle aussi serré avant même l'entrée. Ils craignaient quoi, exactement ? Qu'un gars avec une bite mitrailleuse leur rejoue Columbine[1] ?

---

1. Massacre perpétré le 20 avril 1999 par deux adolescents armés au lycée Columbine de Littleton (Colorado).

Mince, il-elle n'aurait jamais pensé avoir à débouter leurs propres enfants ! Que savait-elle, au juste ? L'information avait-elle filtré ? La bulle allait-elle exploser ? Cette étanchéité à laquelle ils tenaient tant, cette membrane qu'ils avaient tendue entre leurs deux mondes, venait-elle de se fissurer sous ses yeux ? Le tsunami redouté allait-il s'abattre sur eux, sur eux tous ?

Quelle conne, quelle conne, quelle conne... S'il n'y avait pas eu Justin, si son cafard de frère ne l'avait pas surprise ce week-end, elle aurait pu repousser l'échéance, se renseigner, préparer un peu mieux les choses. Au lieu de quoi elle s'était précipitée comme une idiote, persuadée qu'il irait faire illico son rapport à leurs parents. Il lui manquait toujours quelques dizaines de dollars, mais elle espérait un petit geste commercial. Elle avait pris tous les risques possibles... Tous les risques, pour ça !

Repérée, identifiée, peut-être même fichée... Faudrait-il qu'elle attende ses dix-huit ans révolus pour apprendre à faire l'amour ? Brad patienterait-il tout ce temps ? Saurait-elle lui donner le change à coups de pipes maladroites et de branlettes entre deux fauteuils de cinéma, comme s'y résignaient l'une après l'autre toutes les filles du lycée ?

Chacun pressa le pas de son côté, plus lourd encore de son secret. L'une bien décidée à ne pas le révéler, à qui que ce soit.

L'autre on ne peut plus désireux(se) de le partager, au plus vite.

Il était 14 h 30 ; la journée n'était pas finie.

Loin de là.

Chapitre 7

Ce qui déconcertait par-dessus tout les étrangers et les nouveaux arrivants, dans le plan d'une petite ville de périphérie comme Verona, c'est que le centre était nulle part et partout à la fois. Non pas qu'il n'y ait eu un centre, mais c'était comme si celui-ci glissait d'un quartier à un autre, d'une rue à une autre, selon les événements qui s'y déroulaient.

Selon l'expression d'Ada, qui avait fait date chez les Pellegrino, chercher le centre de Verona revenait à « chercher un clito qui change tout le temps de place». Autant dire mission impossible… et orgasmes hasardeux. De fait, à peine avait-on mis la main dessus et commencé à s'exciter, que déjà il avait fait son nid ailleurs, dans un repli délicat du tissu urbain, à quelques blocs de là, et qu'il faisait la joie d'une autre ou d'un autre… À Verona, à moins de courir inlassablement par les rues en partie désertes, il était impossible de se sentir en permanence « là où les choses se passent ». Car, comme un fait exprès, elles se passaient presque toujours ailleurs que là ou l'on se trouvait.

Oh il y avait bien le quartier de la mairie, son *townhall* en trois corps, peint en bleu layette et surplombé d'une petite tour carrée, ses allées encadrées d'essences rares, ses deux boutiques de souvenirs, un vrai décor pour Playmobils. D'autres, lorsque les beaux jours revenaient, se plaisaient à penser que le cœur de la communauté se nichait dans les vastes étendues gazonnées du Essex Country Park, là où des familles entières se retrouvaient pour jouer au softball[1] ou pique-niquer dans une ambiance bucolique, idyllique.

Une chose était sûre. En cette chaude après-midi de décembre, à trois semaines de Noël, le clitoris de Verona vibrait à Prospect Avenue, juste en face de l'ancien collège Westmorland. Le clito de Verona, mes amis, c'était *Sex & Cie* !

Sex & Cie, *le bureau de Marie*

« Bon dieu, Ada, c'est TRÈS important, elle t'a dit quoi exactement ? »

Marie tapotait nerveusement son bureau avec un nouveau modèle de vibro qu'une démonstratrice leur avait laissé, quelques jours plus tôt. Une version améliorée du célèbre *Rabbit* [2], doté d'une troisième pointe « spécial périnée ». À force de se faire traiter de la sorte, l'engin se déclencha tout seul.

Ada n'attendait pas de « mercis », mais quand même ! C'était la seconde fois qu'il-elle leur sauvait la mise en vingt-quatre heures...

— Rien, qu'elle avait dix-huit ans, et qu'elle reviendrait avec sa carte.

1. Jeu de plein air, version simplifiée du base-ball.

2. Modèle qui stimule à la fois le clitoris et le point G, popularisé dans le monde entier par le personnage de Charlotte dans la série *Sex and the city*.

— Tu crois qu'elle serait capable de se faire faire une fausse carte d'identité ? Tu crois qu'ils dealent ce genre de choses, à Oneida[1] ? s'interrogea John.

— C'est pas le problème, Juliet n'a jamais eu l'intention de s'inscrire à l'Académie, tu t'en doutes bien… Elle a seize ans, John ! Seize ans ! C'est un bébé…

Qu'est-ce qu'on peut se fourrer le doigt dans l'œil, parfois, en tant que parents… Ça donne à réfléchir, non ?

— Non, ce qu'elle cherche à savoir c'est ce que nous faisons ici… NOUS ! De toute façon ce n'est pas possible qu'elle n'ait eu aucun écho des articles… se désespérait la maman soucieuse, maltraitant le *Rabbit*.

— J'ai pas eu cette impression-là, se risqua Ada, habillé(e) ce jour-là d'une audacieuse combinaison orange échappée des seventies.

— Comment ça ?

— Je sais pas, elle ne m'a rien demandé sur vous, elle ne m'a même pas demandé si je vous connaissais ou si je vous avais vus… C'est curieux, non ?

— En tout cas, Cyrella a tenu ses promesses, détourna John, hors de propos, sans doute gêné d'évoquer la sexualité de sa fille dans un tel contexte. Pour des emmerdes, on peut dire qu'elle nous a apporté son lot !

La remarque d'Ada touchait assez juste, il fallait en convenir. John et Marie se regardèrent, interdits… Ça, elle aurait payé cher pour lire ce qui se passait dans la tête de sa fille. Elle se souvenait (un peu) des pensées qui l'habitaient au même âge. Une vraie Cocotte Minute où les ingrédients finissaient par fondre et se mêler sous la pression de la vapeur libidineuse. Lui en restait la sensation d'un de ces « jus », d'une de ces énergies, comme

1. Oneida High School, unique lycée public de Verona.

elle n'en avait plus connu depuis et comme elle n'en connaîtrait sans doute plus jamais, à son âge...

Concrètement, et pour parer au plus pressé, il fut décidé que John rentrerait à la maison sans plus attendre, afin de surveiller les faits et gestes de leur fille.

Puis les yeux de Marie s'évadèrent à l'extérieur de la pièce, sur le cordon de flics, « dispositif léger et discret » selon Sullivan Edwards, le chef de la police locale, qui s'était déployé tout autour du bâtiment. D'où elle était, elle apercevait deux ou trois agents, tout au plus. En tout cas, Ada n'aurait plus besoin de patrouiller ; il-elle pourrait reprendre la surveillance intérieure.

Tiens, elle était jolie cette fille, pour une fliquette, se surprit-elle à songer.

Prospect Avenue – le trottoir devant Sex & Cie

« Fish Creek 5 à Central... Fish Creek 5 à Central... Je suis sur place. »

Bob Rosenstein et Francky Petrilli s'étaient déployés eux aussi, selon les instructions d'Harry. Hélas, la présence des flics interdisait de s'approcher aussi près que l'avait exigé leur rédacteur en chef. Bob n'avait ramassé que des notes sans intérêt de ses confrères de la « grande presse », chassés depuis du périmètre. Et Francky, l'as du « téléobjectif », malgré l'adjonction d'un polarisant dernier cri, ne parvenait pas à saisir ce qui se passait derrière les reflets des fenêtres. Pour tuer le temps, il déclenchait au petit bonheur la chance. Tiens par exemple sur la bouche pulpeuse de cette jolie fliquette brune. Ou, par exemple sur... nom d'un godemiché en sucre !

« Fish Creek 3 à Central... Fish Creek 3 à Central... Le poisson est sorti du bocal... je répète le poisson est sorti du bocal... je fais quoi ? »

« Ici Central à Fish Creek 3... Tu ne bouges pas, Mariner... c'est la zone de Vasquez. »

Gina était pétrifiée. Elle était bien sortie. Elle était là, presque détendue, comme si de rien n'était, elle sirotait un cocktail rosé en devisant sur le perron avec l'ouvrier qui estampillait la plaque en marbre sur la façade, un *chicano* aux cheveux longs. Sa tenue de vinyle rose défiait toutes les lois du bon goût et de l'adhérence au corps féminin. Depuis l'incident du matin, Cyrella s'était bien calmée. La présence policière avait contribué à la rassurer, c'est sûr. Les deux bons gros Valiums avalés depuis y étaient aussi pour quelque chose. Et puis, les ateliers de la matinée avaient été moins terribles que ce à quoi elle s'était attendue. Du plaisir ? Non, quand même pas. Mais elle avait trouvé ça... instructif, disons. C'est bien ça, instructif.

« Fish Creek 5 ? Fish Creek 5, nom de dieu ? Qu'est-ce que tu branles, Vasquez ? Elle ne doit pas se balader dehors, tu m'entends ? ! Tu me la fais rentrer tout de suite ! »

Elle gravit les marches comme un automate, passa le panneau « Votre plaisir est le nôtre » et se dirigea vers la femme qui hantait son esprit depuis trois jours. Elle était encore plus belle, encore plus tape-à-l'œil, encore plus bling-bling et artificielle et, pourtant, outrageusement plus attirante que dans son souvenir. Ne pas regarder son bas-ventre, surtout ne pas regarder son bas-ventre...

« Central à Fish Creek 3... Pourquoi Vasquez ne répond pas, Mariner ? Qu'est-ce qui se passe, là-bas ? »

« Fish Creek 3 à Central... Je sais pas, chef, je suis trop loin... Mais c'est bon, Vasquez remet le poisson dans le bocal... Je confirme, elle remet le poisson dans le bocal. »

— On se connaît toutes les deux, non ? lança Cyrella sur un ton léger.

— Madame, je... Je dois vous demander de rentrer, vous ne pouvez pas rester ici.

— Ah bon ? Mais on est bien là, n'est-ce pas Arturo ?

— Si, si, madame, très bien, admit l'ouvrier, sans trop avoir le choix.

— C'est pour votre sécurité, récita Gina sans y croire.

— Oooh, mon dieu, minauda Cyrella, décidément très en verve, esquissant quelques pas sautillants vers la porte d'entrée. Ma sécurité ? Et si le danger était plutôt à l'intérieur, hum ?

Elle s'était cambrée, l'index posé sur les lèvres, le visage penché comme ces pin-up ingénues des années cinquante. « Mais que leur donnait-on à manger dans cette maison de dingues, pour leur coller ainsi le feu au train ? », se demandait Bob Rosenstein, planqué derrière une glace, qui s'oubliait sur sa chemise.

Clic, de l'autre côté de la rue, dans sa Volvo sans âge, Francky n'avait pas loupé ce cliché-là, lui non plus. Harry aurait sa une demain, même s'il n'y avait rien à raconter et, pour être tout à fait honnête, pas de quoi fouetter un chat. Cyrella provoquait ? Cyrella faisait sa fofolle ? Et alors, la belle affaire, des photos d'elle comme ça, on en avait tous vu des milliers, depuis vingt ans.

Gina, elle, n'avait jamais vu ça. Pas en vrai. Comme un robot, elle suivit la milliardaire qui tendit son verre vide à Arturo – genre, « tenez mon brave » – et s'engouffra dans le bâtiment en partant d'un rire hystérique.

Le temps que les yeux de la jeune femme s'habituent à l'éclairage, plus faible à l'intérieur, la silhouette de Cyrella avait disparu, absorbée sans doute par l'une de ces portes, derrière lesquelles elle imaginait pis que Sodome et Gomorrhe. Pas un bruit pourtant, pas un soupir, pas ces hululements de louve qu'elle s'était imaginée entendre.

« Qu'est-ce que je fous là ? » eut-elle à peine le temps de se demander. La trogne grimaçante d'Ada, qui abandonnait ses écrans quelques instants pour aider John à installer les ateliers de l'après-midi, occupa bientôt tout son champ de vision. Vu(e) d'aussi près, la « chose » ressemblait à une version maquillée et déverdie de *Shrek*, c'est je crois le moins mauvais portrait qu'on puisse brosser d'Ada, sans lui faire injure.

— Je peux vous aider ? susurra-t-il-elle, très affable.
— Non, enfin...

Oh, si, elle aurait eu tant à dire sur ce qui se passait – ou plutôt, ce qui ne se passait pas – à l'étage du dessous. Si elle avait joui à chaque fois qu'elle avait écarté les cuisses depuis ses quatorze ans, fichtre, ça elle serait la plus heureuse des femmes, mais... D'ailleurs, ce n'était plus un « mais », c'était le néant. Combien d'orgasmes, de vrais, avait-elle connus tout ce temps ? Même avec Sandro, les meilleures années... Sans cet uniforme sur les épaules, elle aurait des choses à dire, à voir et à apprendre, dans un tel établissement.

— Je cherche le bureau des inscriptions, s'entendit-elle dire.
— Des inscriptions ? Ada ne put réprimer un mouvement de surprise.

— Oui, je veux juste un formulaire... C'est pour une amie !

« Celle-là, on n'a jamais dû leur faire » se maudit-elle intérieurement. « C'est pour une amie, gnagnagna. » Elle se sentait grotesque, mais Ada eut la classe de ne pas esquisser le moindre sourire condescendant et, avec la plus exquise gentillesse dont il-elle était capable, la conduisit jusqu'au bureau de Marie.

— Voilà, c'est Marie Pellegrino qui s'occupe des inscriptions, c'est notre directrice générale. Elle vous donnera un formulaire...

— Merci.

— Et elle répondra à vos questions, aussi, si vous en avez. Celles de votre amie, je veux dire, bien sûr...

Gina lui rendit son sourire, avec reconnaissance. Elle n'aurait su dire pourquoi, mais elle se sentait étrangement bien ici, en sa compagnie. Comme en famille. Ce n'était pas la déco spartiate, désespérément blanche, à peine égayée par les taches roses des distributeurs de capotes. Ni la banalité des propos qu'ils-elles avaient échangés. C'était autre chose. Comme la conviction d'avoir trouvé un lieu où on la comprendrait. Un havre, quelque chose dans ce goût-là.

« Central à Fish Creek 5 ? Central à Fish Creek 5 ? » grésilla le talkie à sa ceinture avec brutalité.

« Vasquez ? Tout va bien ? »

Elle voulait profiter encore de l'instant, juste un peu. Les yeux d'Ada posés sur sa taille la sortirent de sa torpeur.

« Vasquez ? Vous prenez du bon temps, là-dedans ou quoi ? »

« Fish Creek 5 à Central. Tout va bien, chef, tout va bien. » Elle adressa un dernier sourire rosissant à Ada et posa la main sur la poignée de la porte.

« Je reprends mon poste. Terminé. »

Sex & Cie – *Le spa*

— Oui, Cyrella, vous avez une question ?

Miss Walker aurait bien posé plus d'une question indiscrète à John Samuels, en privé, mais elle n'était pas seule dans cet atelier « massage libre ». Outre les couples habituels – Yasmine et Amedh, Judy et Philip, Kim et Ron, Rita et Samy – et l'inamovible Roy, deux femmes célibataires avaient rejoint le groupe. C'était à la fois ce qui faisait le charme de l'enseignement de *S & C* et ce qui perturbait certains stagiaires : ça entrait, ça repartait, les différentes « formules » se mélangeaient et l'on ne pouvait pas avoir l'absolue garantie de passer l'intégralité de sa formation avec les mêmes têtes (façon de parler).

La première ne ressemblait pas à grand-chose, dans sa jupe portefeuille bleu marine et son pull ras du cou, et d'ailleurs Cyrella ne posa pas son regard sur elle plus d'une seconde. Que fichait-elle dans cette tenue au milieu d'un nuage de vapeur, elle allait crever de chaud ?!

La seconde en revanche, « Debby », comme elle s'était annoncée timidement en s'étranglant à moitié, recelait de toute évidence un potentiel nettement plus intéressant. Elle reçut l'approbation silencieuse des mâles de l'assemblée qui, sans être dupes de ses quelques rides, s'attardèrent sur ses seins encore plus que consommables, ses fesses qu'on devinait pommelées à souhait sous l'éponge de son peignoir, ses lèvres que la sécheresse de l'âge n'avait pas encore atteintes.

En revanche, ces lunettes noires, cette perruque immonde…

— Vous savez, ma chérie, on est entre nous ici, vous pouvez vous détendre, lui sourit à mi-voix Harriet Samuels, avec bienveillance, une main posée sur son épaule.

— Je suis tout à fait détendue, se força à lui répondre « Debby » sur le même ton.

— Venez, je vais vous trouver une partenaire. Quand on n'a pas l'habitude de masser, c'est toujours plus facile de commencer avec une femme, poursuivit Harriet avec le même calme déterminé, lui tendant la main. Venez !

Harriet était une coquine. Ouverte, gentille, libertine, mais pas conne non plus. Elle avait parfaitement saisi le petit jeu de Cyrella avec son mari. En lui collant « Debby » la débutante entre les pattes, elle la neutralisait juste comme il fallait. Car, depuis ses exploits sur Roy au cours de l'atelier « fellation », la star de *S & C* était tout à fait intenable. Cherchait-elle à évacuer la pression ? Non mais jugez plutôt, voici sa fiche d'évaluation – une coutume à l'Académie, chaque stagiaire étant invité à commenter sa propre performance et celle de son éventuel partenaire à l'issue de chaque session pratique :

Nom : Walker

Prénom : Cyrella

Date : 4 décembre 2009

Atelier : Fellation

Partenaire : Roy, c'est ça, Roy ?

Je note ma prestation (de 1 à 10) : 20/10 !

Je note la prestation de mon partenaire (de 1 à 10) : Le noter ? C'est moi qui ai fait tout le boulot !

En quoi cet exercice a répondu à vos attentes : Ce petit pédé a une queue énorme rose et souple un vrai délice !

En quoi pensez-vous avoir répondu aux attentes de votre partenaire : Je n'y ai pas répondu je les ai dépassées ! Ce salopard a hurlé comme une hyène, je suis certaine qu'on ne l'a jamais sucé comme ça dans les backrooms où il traîne.

Quels points pensez-vous devoir améliorer : Aucun, je suce à la perfection, demandez-lui plutôt !

L'ensemble des fiches était numérisé, afin de constituer une base de données constamment actualisée sur les préférences sexuelles des élèves. Ce système servait non seulement à suivre l'évolution de chaque participant mais, aussi, sur la durée, à dessiner une courbe d'expérience plus large, à laquelle chacun serait en mesure de se référer. Pour rentabiliser l'investissement informatique, Marie envisageait même de revendre les éléments statistiques qu'il était possible d'en extraire.

Évidemment, hum, la fiche de Cyrella n'en ferait pas partie…

La villa des Pellegrino – dans l'après-midi

Que fait-on, au XXIe siècle, quand rien ne va, quand on n'a plus personne à qui se confier, quand on se cogne à autant de murs qu'on a autour de soi de parents, de frères, de proches, de soi-disant amis, je vous le demande ? On va voir un psy ? Un prêtre ? Mais non, enfin, ne croyez pas tout ce que vous montrent les séries télé. Elles sont écrites par des vieux schnocks d'une autre époque, c'est bien connu. Non, dans les années 2000 et au-delà, on crée son blog, voilà tout !

Juliet n'avait pas trouvé de meilleure solution pour exprimer ces sentiments mêlés, douloureux, cette étrange et sourde déflagration qu'elle ressentait en elle. S'être fait refouler tout à l'heure par cet(te) ogre(sse) doux(ce) et poli(e) l'avait achevée. Oh ça va, elle regardait des films de cul depuis qu'elle avait dix ans ! De quoi avaient-ils peur ? Qu'elle soit « choquée », ou qu'elle fasse des cauchemars, qu'elle les dénonce ? Elle avait seize ans, bordel, un an de plus que l'âge du « consentement », l'âge de la majorité sexuelle. Et la société tout entière aurait dû se réjouir qu'une jeune femme comme elle soit assez responsable pour vouloir se former avant de se jeter sur la queue du premier venu. Oui se réjouir, pas la rejeter, pas la sanctionner… Étaient-elles toutes aussi sérieuses, hein, ces petites pouffiasses du lycée ?

Ce qu'elle demandait s'apparentait ni plus ni moins à de la conduite accompagnée. Avant de prendre son premier « levier de vitesses » en main elle voulait rouler un peu avec des pros, voilà tout. Pas de quoi en faire une salade. Ça lui semblait on ne peut plus raisonnable, on ne peut plus adulte.

Ce fut, tout au moins dans les grandes lignes, la teneur de sa première note. « Vie et mort d'une culotte de seize ans et des poussières », titra-t-elle son blog. Pas mal, non ? Mrs Brinksley, sa prof de littérature, n'aurait sans doute pas rougi de son élève, l'une des plus brillantes soit dit en passant.

Lorsqu'elle fut invitée par un dernier écran à valider son œuvre, elle suspendit son clic de souris un instant :

Quel statut souhaitez-vous donner à ce blog ?
(cochez la mention choisie) :

PUBLIC PRIVÉ

En entérinant son choix, elle n'eut pas conscience des conséquences que cela aurait un jour sur elle, et sur toute sa famille. Mais j'anticipe, j'anticipe…

Sex & Cie – *Salle n° 1 – un peu plus tard*

À *Sex & Cie*, les relations sexuelles entre élèves et enseignants étaient formellement prohibées, ça vous le savez déjà, mais ce qui se passait entre profs – n'est-ce pas Fanny ? – ou entre stagiaires ne regardait qu'eux, éventuellement leurs conjoints, et leur conscience.

Néanmoins, pour éviter les drames ordinaires de la jalousie, et que l'Académie tout entière ne se transformât en une vulgaire scène de boulevard, John et Marie avaient mis au point un dispositif qui permettait à chacun de s'éclater, certes, mais en pleine transparence et dans le respect de tous. En tout cas, c'est comme ça qu'ils le présentaient aux nouveaux entrants.

Ce système, qu'ils avaient nommé le « Pucemètre », les premiers académiciens l'avaient vite rebaptisé le « fuckmètre ». Concrètement, il s'agissait d'un grand tableau fixé dans le couloir, où chaque élève était mentionné et représenté par une gommette (ou « puce ») de couleur et de forme différentes. Ainsi, Roy, pour ne prendre que cet exemple et par le plus grand des hasards, était-il symbolisé par un triangle rose. Lorsqu'un stagiaire souhaitait expérimenter certaines choses avec l'un de ses camarades, il lui suffisait de placer sa propre « puce » sur la ligne qui correspondait. Soit dans la colonne d'un horaire du planning, s'il voulait être son partenaire pendant tel ou tel cours, soit dans la colonne vide juste à côté de son nom, s'il souhaitait le retrouver, après la fin des cours, dans une cabine câlin.

Tous les desiderata de la journée devaient être exprimés avant 9 heures, l'heure officielle de début des enseignements. Ensuite, chaque étudiant était libre de refuser (en remettant la puce de couleur sur la ligne de son propriétaire), sans avoir à se justifier, ou de valider, en laissant la gommette là où elle avait été déposée. Il y avait eu quelques ratés par le passé et certains avaient exigé « leur dû », leurs élus du jour ayant bêtement négligé de vérifier qui s'intéressait à eux. Mais, globalement, ça fonctionnait plutôt bien.

En principe, et par définition, le cours de « Masturbation féminine » de Fanny Lee n'appelait pas la participation d'une tierce personne et, pourtant, la très exotique Yasmine avait placé son petit carré noir dans la case de Cyrella.

Le dos calé par un support en mousse conçu à cet effet, les deux femmes se faisaient donc face. Les autres filles du groupe avaient choisi soit de se placer face à un mur, pour ne pas exposer à tous leur béante intimité, soit face à leur partenaire habituel, pour l'essentiel leur propre conjoint, qui faisait alors écran.

Toutes et tous étaient prêts, ces dames un peu sur la réserve et ces messieurs passablement excités. Les études le prouvaient, de tous les fantasmes masculins ordinaires, voir sa partenaire se masturber arrivait invariablement en tête de liste, loin devant les parties à trois ou quatre ou les galipettes dans la nature.

Comme l'avait clairement énoncé Elmer Blumm dans un cours théorique récent, se masturber devant sa moitié, y compris dans le cadre de l'Académie, n'avait pas que des vertus « techniques ». Vu leur âge, à quelques rares exceptions, la plupart de ces femmes savaient très bien comment se donner du plaisir et n'avaient pas besoin de quelconques conseils pour titiller leur bouton de manière efficace. Non, ce que ces séances devaient leur apprendre par-dessus tout, c'est à se livrer sans retenue au regard de leur homme, à partager avec lui leur abandon, à aimer s'offrir ainsi à l'œil qui allait les ausculter, les pénétrer, les fouiller, au plus profond de leur chair. « Ça peut vous sembler anodin... Mais, croyez-moi, c'est une étape décisive dans la confiance que vous vous accordez l'un à l'autre... Et ne jubilez pas trop, messieurs, car bientôt viendra le moment d'en faire autant devant vos chéries. » Ce qui, exhibitionnistes comme le sont la plupart des hommes, dès qu'il s'agit de s'agiter la nouille et de prouver qu'ils en ont une grosse, leur posait bien moins de problèmes qu'à leurs charmantes compagnes, cela va sans dire.

Toutes prêtes ? Non, Fanny avait vite repéré qu'un détail clochait. Plus qu'un détail, en fait. Deux de ses élèves avaient conservé sur elles leurs culottes, bien qu'elles ne présentassent leur entrejambe qu'à un pan de mur jaunâtre. « Annie », la petite nouvelle si réservée, avait même gardé sur ses épaules une espèce de Damart dégueulasse, grisâtre, déformé par les lavages. « Debby » était seins nus, ce qui semblait la mettre au comble de l'embarras, et sa solide culotte de coton à larges revers n'avait pas quitté ses fesses.

Autant le dire tout de suite, on n'obtint rien de plus d'« Annie » ce jour-là et Fanny avait donné depuis belle lurette le top départ qu'elle en était encore à considérer son bas-ventre avec un air constipé.

— Allez-y doucement, les filles, ne cherchez pas à accélérer les choses, ne vous jetez pas sur votre clito, hein... vous le reprochez assez à votre homme, n'est-ce pas ?

Un sourire entendu s'afficha sur les lèvres concernées.

— Caressez bien le pourtour, sentez comme l'intérieur de vos cuisses est doux..., leur rappelait Fanny en circulant parmi ses élèves. Et ne baissez pas le nez comme ça, fixez votre homme droit dans les yeux, vous pouvez être fières de vos chattes, elles sont magnifiques ! Je me trompe, les gars ?

Un grognement approbatif valida son hypothèse. À ce petit jeu, les moins expérimentés n'étaient pas les moins fascinés. Ron fixait le sexe de Kim comme s'il n'avait jamais rien vu de tel de toute sa vie. Il faut dire que la petite Asiatique donnait à voir une chatte tout à fait exquise, en partie épilée, dont les replis de chair et de muqueuse avaient la finesse du jade et la transparence hâlée de l'ambre. Comme éclairée de l'intérieur. Il fut le premier des gentlemen de l'assemblée à sortir son sexe, une queue assez courte mais trapue, et à s'astiquer au rythme de sa partenaire. Si Fanny n'avait sciemment donné aucune consigne à ce propos, elle le félicita :

— Oui, Ron, très bien, belle initiative, c'est tout à fait l'idée. Et surtout regarde-la bien dans les yeux ! Tu sens l'échange avec Kim ? Tu sens ce qui se passe entre vous ? C'est très joli, très joli…

Côté « Debby », les choses n'évoluaient pas beaucoup. Ce qui la perturbait le plus, à vrai dire, c'était moins d'exhiber son sexe à un bout de papier peint, ni même les râles et les gémissements qui s'élevaient peu à peu autour d'elle. Ce qui mettait « Debby » vraiment mal à l'aise, c'était le regard de Cyrella, installée perpendiculairement à elle, et qui ne quittait pas son profil.

Voilà, on y était. L'instant qu'elle avait tant redouté. De toute façon, qu'imaginait-elle ? Qu'en venant ici elle garderait inviolé le secret de son sexe ? Que pas un œil, qu'il soit bien intentionné ou non, ne se poserait jamais sur cette brèche, cette anfractuosité, cette faille si sensible dans la muraille de son passé ? « Il y a un temps pour se cacher, un temps pour panser ses blessures, et un temps pour exposer ses cicatrices au grand jour, Cyrella. Vous ne pourrez pas fuir – VOUS fuir – éternellement », lui avait dit le Pr Gray juste avant son départ, jamais en panne d'une formule toute faite.

En dépit du string évanoui, Cyrella conservait une main pudique sur sa motte parfaitement égalisée. Un frisson de surprise la parcourut quand, lâchant un instant la délicieuse « Debby » des yeux, elle réalisa que Yasmine, un sourire confiant aux lèvres, avait pris exactement la même posture qu'elle. Que voulait-elle lui dire ? Quelle étrange complicité la belle Orientale cherchait-elle à tisser avec elle ?

Puis, comme un masque qu'on enlève au bal, pour se montrer enfin telle que l'on est, Yasmine effaça sa main et écarta grand ses cuisses, tirant en douceur sur les rebonds délicatement charnus de ses grandes lèvres, et dégagea plus encore sa vulve. « Tu vois, moi aussi », disaient calmement ses yeux. Elle avait deviné. La jeune excisée n'avait pas eu besoin des rumeurs de la presse people pour comprendre quel drame elle partageait avec la star Cyrella Walker. Entre leurs clitoris amputés, une communication souterraine s'était établie. Absents, insensibles, défigurés... Oui, mais c'était sans compter sur les neuf ou dix centimètres de l'organe qui, comme une racine sous l'arbre mort, continuait à vivre à l'intérieur de leur ventre[1].

— Tout va bien, regarde... Ce n'est pas grave... On peut quand même se faire plaisir, toi et moi.

La jeune femme à la peau de miel plongea la première un majeur fin et prudent dans son sexe. Hésitante, Cyrella la suivit et, un œil sur « Debby » qui,

1. Le clitoris mesure dans sa totalité une bonne dizaine de centimètres, dont un à deux centimètres seulement émergés, le reste étant dissimulé sous le pubis de la femme.

courbée, avait posé la tête entre ses mains, elle effectua une première série de cercles larges sur le versant antérieur de son vagin.

— Voilà, Fanny sauta sur l'occasion, maintenant si vous en avez envie vous pouvez aussi stimuler l'intérieur de votre sexe. Je vous rappelle qu'avec le support mousse vos deux mains sont libres. Alors on se fait plaisir, les filles, le plat de la main sur le clito et un ou deux doigts dans le minou, c'est parti...

La bonne blague ! Elle avait tout lu, tout entendu, elle avait déjà suivi des dizaines de stages, des trainings particuliers, des séances « d'orgasme sous hypnose », des « désenvoûtements clitoriques », vous pouvez croire ça ? Pas un gourou de New York qui ne s'était penché sur son entrecuisse, payé à chaque fois une fortune pour qu'il la ferme. Rien n'y avait fait, rien ! Elle, Cyrella Ornella Walker, elle que la moitié de l'humanité adulait et que l'autre moitié convoitait, elle n'avait jamais connu un orgasme digne de ce nom. Que faisait-elle là à leur avis ? Pourquoi s'était-elle résolue à s'enfermer six mois dans ce trou ? Pourquoi sanglotait-elle tous les soirs dans son lit ? Pourquoi se montrait-elle ingérable, si fantasque, parfois même désagréable ? Par plaisir, peut-être ? ! Parce qu'elle était comme ces bimbos, les Paris, les Nicole, les Britney, à sucer la moelle de la gloire tant qu'elle voulait bien donner sa semence ? Ne comprenaient-ils pas à quel point elle en souffrait ? Ne voyaient-ils pas qu'à son âge, elle jouait peut-être là ses dernières cartouches ?

L'anorgasmie de Cyrella Walker, c'était comme les enfants illégitimes ou les coucheries de certains présidents. Tous les journalistes « autorisés » étaient au courant – ceux des principaux médias, pas les seconds couteaux de province à la Harry Grafenberg, on s'en doute –, mais un embargo charitable avait toujours retenu l'information dans les tuyaux. Pour des filles du monde entier, elle était synonyme de luxe, de vie facile, de faste et de jouissance. Que resterait-il d'elle si on venait à apprendre son inaptitude chronique au plaisir : une vieille chatte fripée, inutile ? Les médias n'avaient pas seulement pitié de Cyrella, ils avaient eu besoin d'elle, toutes ces années. Elle faisait vendre du rêve, et surtout beaucoup de papier.

Au train où allaient les choses, ça ne durerait plus éternellement…

Le bureau de Marie – vers 18 h 15

Il aurait fallu non seulement deux yeux mais aussi plusieurs cerveaux à Ada pour suivre simultanément, comme l'exigeait Marie, le direct des caméras de surveillance et les archives vidéo de l'Académie qu'il lui était demandé d'explorer par le menu.

— Nom de dieu de bordel de merde… couina-t-il-elle d'un timbre plus grave encore que d'habitude.

— Je crois que je préférais encore les « Ooooh-gasmiques », nota Marie sans lever le nez de ses écritures comptables.

— J'ai trouvé, souffla Ada sans relevé la pique.

— Trouvé quoi ? Ton point G ?

— Je plaisante pas, je crois que j'ai trouvé la scène du « viol »…

— Tu déconnes ?

Marie lâcha son stylo, bondissant de son fauteuil directorial.

— Enfin, regarde… mais pour moi, c'est pas plus un viol que mon premier touche-pipi.

Sur les images, on voyait bien Samantha « occupée » avec deux garçons très sympathiques, mais ce rapport n'avait pas franchement l'air de se dérouler sous le signe de la contrainte ou moins encore du conflit. Bien au contraire…

« Allez, les gars, vous pouvez faire mieux que ça quand même ! Allez mes gros loups, montrez-moi un peu ce que vous avez pour moi dans ces belles couilles ! »

Comme toujours avec Sam, les dialogues ne brillaient pas par leur finesse, mais ce qu'elle faisait avec son corps prouvait non seulement qu'elle était consentante, mais qu'elle y prenait aussi un réel plaisir. L'assemblage était très classique. À quatre pattes, elle prenait la queue monumentale d'un bel Hispanique dans la bouche, alternant les coups de langue, les succions labiales et les enfournements au fond de sa gorge, tandis qu'un second spécimen, dont on ne devinait que le dos, large, musclé, s'activait puissamment entre ses fesses.

À son petit déhanchement, l'angle de dégagement léger qu'il respectait pour que les orifices de sa partenaire demeurent bien visibles, il était facile de dire que ce garçon était ou avait été un pro de la chose. Gigolo, performeur ou hardeur… Il passait sans préavis de son vagin à son anus, lequel se dilatait jusqu'à devenir une sorte de gouffre noir, béant, qui aspirait le membre capoté sans aucune résistance.

Samantha criait en rythme et, si elle semblait perdre peu à peu le contrôle de la situation, c'est plus ses esprits qui capitulaient sous le plaisir, que son envie d'être là… là, offerte à ces deux hommes qui se déchaînaient maintenant sur elle comme une poupée de chair, ballottée en tous sens, déjà tremblante d'un orgasme qu'elle brama bientôt en une longue mélopée de « Ooohhh », ondulante comme un sinusoïde.

Dans le pire des cas, le tribunal leur reprocherait la défaillance de leur vigilance, et *Sex & Cie* écoperait d'une solide amende. C'était gagné, bel et bien gagné ! Marie était tout sourire. Elle eut même un geste affectueux, une main passée dans le dos, comme elle en avait peu et qui tira à Ada un piaillement surpris.

La fin de la séquence la rasséréna au-delà de ses espérances : les types ne tendirent pas le moindre billet. C'était une aimable petite partie de baise entre adultes consentants, un point c'est tout. Ils se rhabillaient gaiement, Samantha les félicitant pour leur performance et les gratifiant elles aussi de quelques tapes sur les fesses et autres câlins sur la nuque.

— J... Non ! s'insurgea la voix pilée de Marie.

Le deuxième larron faisait, enfin, face à la caméra de surveillance. John Pellegrino, détendu comme on l'est après l'amour, épanoui, le sourire à peine pixellisé.

— Marie ! Marie ! la secoua Ada. Je crois que ça s'agite dans la cabine 4.

Ce n'était pas qu'une diversion maladroite, non. Tout se bousculait soudain sur les écrans de contrôle. Le passé et le présent. Les éléments qui rassuraient (un peu) et ceux qui tabassaient (beaucoup). Une mélasse de sentiments dont il était impossible de dissocier le sucré de l'aigre, comme dans ces plats asiatiques qu'ils aimaient tant commander pour les dévorer devant la télé, John et elle...

La dénommée « Debby » y était entrée précipitamment, apparemment secouée, comme si elle cherchait un refuge.

— C'est qui ça ? s'étonna Marie, qui cherchait à reprendre pied.

— « Debby », une des nouvelles de ce matin.

— Qu'est-ce qu'elle fiche là, elle devrait pas être en « Mas-Fem[1] » ?

— Ben... si, concéda la grosse figure désolée d'Ada.

— Ouh là, mais ça devient intéressant ton histoire...

Marie s'approcha de l'écran, oubliant presque ce qu'elle venait de voir sur le moniteur voisin.

Cyrella venait de rejoindre la quadragénaire apeurée, à moitié prostrée dans un coin de la pièce. Au total, la scène s'étira sur vingt bonnes minutes. Je vous fais grâce des longueurs et des temps morts. Ce que je peux vous dire c'est que, par un concours de circonstances aussi inexplicable qu'inattendu, « Debby » engouffra deux doigts – de prime abord peu décidés, voire franchement récalcitrants – dans le sexe de Cyrella, laquelle la guida dans un premier temps avant de lui laisser l'initiative dans l'humide complexité de son vagin.

Les râles pré-orgamisques de ses condisciples l'avaient passablement excitée, à dire vrai. Jamais avant ce jour elle n'avait imaginé qu'entendre et entrevoir d'autres femmes se masturber à ses côtés provoquerait en elle un tel désir – désir de quoi, exactement, elle n'aurait su le dire.

À chaque fois que « Debby » faisait mine de retirer ses doigts tout à fait, Cyrella se surprit à retenir son poignet d'autorité, à conduire la chose un peu plus loin en elle et, très vite, tout entière. À l'intérieur d'elle, les doigts se déployaient et évoluaient indépendamment les uns des autres, comme autant de tentacules. Peut-être cette main se débattait-elle, peut-être essayait-elle juste de « trouver la sortie » mais, pour effrayant que fût le grouillement de cet « alien » dans son bas-ventre, elle sentit monter un étrange plaisir.

1. Abréviation pour « Masturbation Féminine ».

Le pilonnage répétitif d'un engin monobloc, qu'il s'agisse d'un pénis en érection ou d'un godemiché, ne lui avait jamais donné cette sensation si particulière d'être habitée, fouillée, explorée. Là, selon l'angle et le mouvement, chaque parcelle de son vagin était massée par une phalange, une pulpe ou une articulation. Oui, bien sûr, on s'en doute, ce sont des choses qu'elle avait essayées seule quelques centaines de fois. Ce qui faisait à cet instant toute la différence, c'est l'autonomie dont jouissait la « bête » en elle, cette liberté de mouvement, cette façon de se retourner comme un chat dans son panier, en repoussant les parois, en occupant le plus d'espace possible.

Si vous tenez absolument à mettre un terme précis sur chaque chose, alors appelons une chatte une chatte et désignons comme un « fist fucking vaginal » ce qui était en train de pousser Cyrella à la plus douce des redditions.

Tiens, étonnante cette envie de faire pipi sans que la moindre goutte ne jaillisse. Surprenants ces spasmes de plus en plus forts, de plus en plus fréquents, qui pressaient le poing de « Debby » comme une balle en caoutchouc et le forçaient à se fermer tout à fait, gros fruit vert et dur au cœur de sa matrice.

Puis, comme elle le déclarerait par la suite dans son communiqué officiel et dans les innombrables interviews qu'elle serait dès lors amenée à donner sur le sujet, ce 4 décembre 2009, à 18 h 28 très précises, sous les doigts experts d'un inconnu, qui s'était inscrit à *Sex & Cie* sous une fausse identité, elle, Cyrella Walker, LA Cyrella Walker, excisée depuis l'âge de six ans, avait connu le premier orgasme de sa vie. Un orgasme vaginal, s'il vous plaît, sans l'assistance du moindre clitoris, un orgasme vaginal, global, total.

Preuve qu'à trop chercher le centre des choses, on demeure parfois longtemps à leur périphérie.

Mais tout arrive, non ?

Chapitre 8

« Moi, ce que j'en dis, c'est que quand on fait un travail de qualité, quand on tient un établissement correct, avec des alcools de premier choix et tout le saint-frusquin, eh bien ça finit par se savoir, monsieur ! » pavoisait Billy Bross pour qui voulait encore l'écouter, presque confondant de candeur, à l'idée qu'une vedette aussi considérable que Cyrella Walker ait pu choisir le *Romeo's* pour sa fête. « Par se savoir, et par payer ! »

Ce que Marie et John ne lui dirent pas – inutile de le blesser pour si peu, alors qu'on pouvait lui faire plaisir – c'est que Cyrella n'avait pas vraiment le choix. Inenvisageable d'organiser ça à *S & C*, déjà assez de casseroles au cul comme ça. Pas possible non plus de déplacer tout ce petit monde dans l'un de ses *penthouses* de Manhattan. Non, à tous points de vue, le *Romeo's* était le lieu idéal : pas loin, pas cher, pas snob, une option que les deux attachées de presse de Cyrella, venues de toute urgence en renfort pour gérer la communication de crise de leur patronne, avaient fini par valider.

« Écoutez, Cyrella, je ne dis pas que l'idée me serait venue spontanément, hein… Mais au final je trouve ça très bien ce boui-boui, c'est très la "nouvelle vous", plus proche des vraies gens, plus "télé-réalité-du-samedi-soir", plus "petite-baise-entre-amis" », approuva Sonia, un grand cheval dont les incisives occupaient tout le visage, à grand renfort de gestes hystériques et de ricanements pénibles.

Le plus cocasse, dans tout ça, c'est que c'est Billy qui avait émis quelques exigences, et certaines réserves. Il devait être réglé à l'avance, cash, assuré spécifiquement pour le temps de la soirée – jusqu'au lendemain midi, on n'était jamais trop prudent – et demanda en outre un droit de regard sur la liste des invités. Ce que vous ne croirez pas non plus, c'est que Cyrella était tellement dans le cirage, depuis les événements du 4 décembre, qu'elle ne s'était même pas formalisée qu'un plouc comme Billy Bross la ramène de cette manière.

Côté ambiance, ce devait être une soirée « clean », Billy l'avait fait promettre à John et Marie : « Pas de partouze, pas de bang bang[1], pas de trucs dégueulasses, sans vous offenser, on est bien d'accord ? » Billy en avait vu d'autres et il craignait moins pour sa réputation – tout ce qu'il risquait c'était d'attirer des ivrognes de la concurrence – que pour sa licence. Si ça dérapait trop, c'était un coup à y « laisser sa chemise », et l'allusion ne le faisait pas rire, non, vraiment pas.

Je crois bien que c'est Ada, qui avait eu l'idée. Une sacrée fichue idée, si vous voulez mon avis, et dont il-elle se rongerait longtemps les doigts de ne pas l'avoir fait breveter aussitôt. Eh oui, quand on pense que désormais, dans le monde entier, les « O' Parties » sont devenues aussi courantes que les bizutages de première année ou les enterrements de vie de jeune fille… C'était tout simple, après tout, il suffisait d'y penser : quel cap, quel rite initiatique, quel événement marquait le plus justement la mue de la jeune fille en femme, pour de

1. Il s'agit de gang bang, bien sûr, mais le vocabulaire érotique de Billy n'était pas très riche.

bon, que son premier orgasme ? On fêtait son permis de conduire et on ne célébrait pas une chose aussi essentielle ? ! Ada n'avait pas l'impression de créer quoi que ce soit, mais tout bonnement de réparer une injustice.

C'est sûr, en revanche, ça allait mettre la pagaille dans plus d'un couple : « Comment ça tu organises une O'Party ? Maintenant ? ! Mais enfin, chérie, on est mariés depuis plus de vingt ans ! »

« Justement, mon gros lapin, justement... »

Le Romeo's *– le 7 décembre 2009 – autour de 22 h 30*

« I swear I won't tease you
Won't tell you no lies
I don't need no bible
Just look in my eyes
I've waited so long baby
Out in the cold. »

La vérité, c'est que Billy ne se sentait pas si à l'aise que ça avec les Pellegrino. Il avait comme l'impression, quand il y réfléchissait bien, d'être à l'origine de la somme assez considérable d'emmerdements qui leur tombaient dessus depuis une semaine et, à bien y regarder, ce n'était pas qu'une impression. Tout cela serait-il arrivé, s'il avait tenu sa langue avec Samantha ? Quel besoin avait-il eu de faire les présentations ? Il se doutait bien comment ça allait finir, cette histoire, cette petite pute alcoolo et cette bigote bouffée aux mites réunies ? Ces deux folles étaient des clientes, de bonnes clientes même. Mais eux, eux c'était des amis, non ? Qui avait filé un coup de main pour retaper la réserve lors de la dernière tornade ? Qui avait transporté son Blizzard sanguinolent, son braque de huit ans, sur la banquette arrière de sa voiture, quand il s'était fait sécher par un chauffard, l'hiver passé ?

« *I want your sex*
I want your love
I want your... Sex. »

Le « Sex Karaoké » qu'Ada avait organisé avec la jeune et très branchée Kim battait son plein. Où l'on découvrit, entre autres, sur cette reprise poisseuse à souhait de George Michael, que John Samuels avait vraiment un bel organe, ce dont personne ne doutait plus. Elmer Blumm s'époumona, déhanché grotesque en prime, sur le *Sex over the phone* des Village People et Marie, qu'on n'attendait pas aussi à l'aise dans l'exercice, surprit son monde avec un sens du rythme impeccable dans le *Let's talk about sex* de Salt'n'pepa.

Lorie Brown, Evening Standard *: Cyrella, à moins que ce ne soit trop douloureux de l'évoquer, pouvez-nous nous expliquer ce qui vous a privée de plaisir jusqu'à aujourd'hui ?*

C'est douloureux d'en parler, en effet... Mais l'histoire elle-même est assez banale. Je suppose que vous avez tous joué « au docteur » étant enfants... ? Eh bien, moi aussi, à ce détail près que mon docteur a voulu « goûter » ce qu'il auscultait, et qu'il portait des broches sur ses dents. Mon... mon clitoris (chuchota-t-elle) a été sectionné net.

Vous aviez quel âge ?

J'avais six ans...

Ronie Emerson, New York Magazine *: Miss Walker, comment se fait-il qu'une femme comme vous, qui n'hésite pas à faire appel à la chirurgie esthétique pour « entre-*

tenir » son physique, n'ait pas eu recours à une reconstruction du clitoris ? C'est une opération que les spécialistes maîtrisent bien, désormais… Et je suppose que pour vous la question du coût d'une telle intervention ne se pose pas ?

Votre question est très pertinente, Ronie. Comme vous vous en doutez, on m'a proposé cette intervention de nombreuses fois, depuis une petite dizaine d'années. Et je sais que les résultats obtenus sont spectaculaires, aussi bien au niveau de l'aspect que du gain de sensibilité. Mais, comment vous dire… Là (elle toucha son cœur) et là (elle posa le plat de sa main gauche sur son front), on ne me rendra pas ce que j'ai perdu. On aurait pu me greffer le clitoris de Jesse Jane en personne (l'assistance gloussa à l'évocation de la célèbre hardeuse, modèle physique assumé de Cyrella) que cela n'aurait pas suffi. Il fallait qu'il se reconstruise « à l'intérieur » de moi, vous comprenez ?

Sandy Shebastsky, New One *: Cyrella, savez-vous ce qu'est devenu votre fameux « docteur », et lui avez-vous pardonné ? Quel message souhaiteriez-vous lui adresser ?*

J'aimerais lui dire que je ne lui en veux pas… Et que grâce à *Sex & Cie*, moi aussi je sais faire des examens terribles avec mes dents, maintenant ! S'il veut venir voir ça en personne, il est le bienvenu !

L'assemblée s'esclaffa bruyamment, comme il est de bon ton de le faire en de telles circonstances. Bien sûr, questions et réponses de la conférence de presse donnée par Cyrella avaient été dûment écrites à l'avance par Sonia et son assistante. La mention de S & C avait fait l'objet d'âpres négociations téléphoniques entre Mark Robinson et les avocats de la milliardaire. En quelques heures, Cyrella avait perdu son statut de « nid à emmerdes » pour gagner celui de « coup de pub inespéré ».

— Cyrella… ça va ? demanda simplement Marie en s'installant à sa table, cette même table isolée, où Amanda s'était assise quelques jours auparavant.

— Ça va, merci… Merci, Marie, c'est une fête très réussie, admit la star, qui semblait vouloir tomber le masque, ce soir.

— Ouh là, c'est pas grand-chose, hein, vous devez avoir l'habitude de choses autrement plus « décadentes », Marie joua la modestie.

— Non, vous savez, dans le genre de soirées que j'organise d'habitude, tout le monde est là pour se montrer, mais personne ne s'amuse vraiment.

— Je vois, je vois… Cyrella, vous fêtez votre premier orgasme, c'est quelque chose comme le plus beau jour de votre vie… et je me trompe ou vous êtes un peu triste ?

— Hum…

Son regard s'évada sur les performances artistiques érotiques que son équipe avait fait venir spécialement de Manhattan.

À ce moment précis, deux mannequins en silicone installés par un créateur islandais, et manipulés par deux blacks phénoménaux, figuraient des femmes fontaine, dont les flots de champagne qu'elles éjaculaient venaient tremper l'assistance, leurs cris hystériques ponctuant chaque nouveau spasme.

— Je me trompe ? répéta-t-elle en prenant la liberté de poser sa main sur celle de sa cliente.

— Écoutez, Marie…

— Et si on se tutoyait ? la coupa Marie gaiement, pour déplomber l'atmosphère.

— … j'apprécie beaucoup tout ce que « tu » fais pour moi, vraiment. Et j'ai l'air un peu (elle fit un geste bizarre au-dessus de sa tête, mais suffisamment explicite) comme ça, mais je suis tout sauf une ingrate, tu sais.

— Ce n'est pas le problème, la rassura Marie. C'est notre job, après tout.

— J'y tiens. Tu verras… la citation de S & C ce soir, ce n'est qu'un début. *Sex & Cie…* tu m'as fait le plus beau cadeau qu'on m'ait jamais fait.

— Mais… ? l'interrogea Marie du regard.

— Mais disons que je ne voyais pas vraiment les choses arriver de cette manière. Je n'avais pas prévu « ça »…

— Je me doute… On s'est repassé la vidéo en boucle, avec Ada… hum, enfin le passage où l'on voit son visage, se reprit-elle un peu gênée, et pour l'instant aucun d'entre nous n'a réussi à identifier cette fille.

— Ce n'était pas vraiment une fille, la corrigea Cyrella.

— Qu'est-ce que tu veux dire ?

— Que c'était une femme d'un âge presque mûr… C'est sans doute un détail à la noix, mais j'ai bien vu ses mains, forcément… et elle avait déjà des sortes de taches de vieillesse, tu vois, comme des taches de rousseur un peu plus sombres et un peu plus larges.

C'était peu, mais c'était quand même une piste. Les mains de Cyrella, qu'elle devait passer sous le feu rédempteur d'un laser chaque année, en étaient évidemment dépourvues. Marie ne put s'empêcher de vérifier d'un coup d'œil pas très discret.

— Alors, mesdames, on recherche toujours la braqueuse de point G ? s'invita la voix déjà embourbonnée d'Harry Grafenberg, un verre à la main.

— Bonsoir Harry, siffla une Marie assez peu disposée à lui pardonner sa trahison. Je ne vous présente pas, Cyrella, n'est-ce pas, lui lança-t-elle d'un ton qu'elle voulait le plus venimeux possible.

— Bonsoir, se courba-t-il pour un baisemain qui atterrit presque sur le bois crasseux de la table, Cyrella rétractant sa main prestement.

— Cyrella, cet ivrogne est le rédacteur en chef de l'organe officiel et bien-pensant de Verona, le *Verona News*.

— Harry Granfenberg, se présenta-t-il, un peu contrarié à son tour.

— Pas la peine de vous préciser qu'il n'y aura pas d'annonce S & C ce samedi, tacla-t-elle d'entrée de jeu à l'intention du patron de presse.

Si elle l'avait invité, c'était uniquement pour avoir le plaisir de lui dire cela, bien en face.

— Pas la peine en effet, maugréa-t-il en secouant ses glaçons.

— Ni jusqu'à nouvel ordre, Harry.

Et encore, Marie ne savait pas que cet odieux personnage avait poussé la forfaiture jusqu'à lui envoyer une espionne. Soit dit en passant, la pauvre Louisa n'avait tenu qu'une journée. Elle était ressortie sans la queue d'une information et passablement secouée par ce qu'elle avait vu là-bas, exigeant de son médecin de famille un arrêt d'une semaine. De toute façon, puisque Cyrella Walker avait pris le parti de la transparence, il n'y avait plus qu'à prendre le train en marche et diffuser les mêmes informations – désormais nationales – que tous les autres journaux et magazines. Le temps du scoop était passé… Game over.

— Monsieur Grafenberg, s'intéressa soudain Cyrella, vous publiez un journal d'annonces locales, c'est ça ?

— Non, un quotidien d'information générale, un vrai journal, se raidit Grafenberg, plutôt vexé. Mais on a « aussi » une page d'annonces très regardée.

— Combien ? demanda la vedette sans ménagement, laissant la femme d'affaires reprendre l'ascendant.

— L'annonce ?

— Non, la page complète.

— Euh, écoutez, ce n'est pas vraiment dans nos habitudes de…

— Combien ?

— Et si vous passiez au bureau demain matin pour en parler plus confortablement ? risqua-t-il avec un air de triomphe destiné à Marie, flairant l'excellente promotion gratuite qu'une telle visite lui offrirait.

— Je passerai, je passerai… À une condition, monsieur G, le piqua-t-elle comme le faisaient autrefois ses camarades de classe.

— Laquelle ?

— Que vous accordiez un an d'annonces gratuites à *Sex & Cie*.

— Vous plaisantez, là…, s'étrangla Harry, recrachant un glaçon qu'il avait gobé par inadvertance.

— Pas le moins du monde. Demain, 10 h 30, conclut-elle avec un mouvement du revers de la main sans appel, qui lui signifiait qu'il pouvait disposer.

Lorsqu'elles furent à nouveau seules, Marie comprit qu'elle avait gagné ce soir-là non seulement une alliée de poids, mais aussi une amie. Elle lui sourit, longuement. Ces derniers jours, elle avait prêté à Cyrella à peu près tous les défauts de la terre, mais aussi découvert chez elle deux qualités fondamentales : la fidélité en amitié, et la gratitude. Sans s'en vanter, en deux coups de fil influents, elle avait par exemple obtenu pour la maman d'Arturo le visa de travail que celle-ci attendait depuis cinq ans, pour rejoindre enfin son fils aux États-Unis.

— Tu veux vraiment la retrouver ?

— Et pourquoi pas ? lui répondit Cyrella dans un soudain accès de gaieté, comme si elle s'étonnait elle-même de son audace.

— Pourquoi pas, la conforta Marie dans sa décision. Tu veux qu'on te sorte une image vidéo, pour l'annonce ?

— Bonne idée, ce sera toujours mieux que pas de photo du tout. Et avec John… vous en êtes où ?

— Ah non ! Ah non cette fois elle dépasse les bornes, cette petite p…, rugit Marie en renversant sa chaise d'un bond.

L'ambiance et l'alcool aidant, le contrôle à l'entrée s'était un peu relâché. Attirée par la musique, la foule et la lumière dans son rade habituel, Samantha avait réussi à s'incruster. Ce que Marie n'avait pas eu le temps de confier à Cyrella, c'est que la convention établie entre John et elle avait toujours été claire et, jusqu'alors, toujours respectée. Elle n'ignorait rien de son passé, de ses goûts, de ses écarts, de ses hobbies… Elle n'arrivait même pas à être jalouse de sa participation disons « active » auprès des académiciennes, au cours de certains ateliers. Après tout, il était disponible, il était l'un des meilleurs « modèles » qu'elle connaisse, les femmes l'adoraient, il aurait été bien bête de priver S & C d'une telle ressource, elle était la première à en convenir, en dirigeante avisée qu'elle était. Mais s'envoyer en l'air avec cette petite punaise vicieuse de Samantha, qu'elle avait tolérée dans l'Académie eu égard à leur relation passée et sa posture du moment, assez fâcheuse, ça dépassait totalement le cadre qu'ils s'étaient fixé. Ça l'explosait, même. Samantha, ce n'était plus du boulot, c'était du pur plaisir… et le plaisir, désolé, mais ça devait être elle, Marie, et rien qu'elle !

Sur les images du film de la soirée, commandé par Cyrella à deux vidéastes belges qui venaient de boucler les derniers clips de Justin Timberlake ou de U2, on voyait l'enchaînement qui suivit comme s'il avait été filmé en accéléré. Et, je le précise, ce n'était pas le cas.

1. Marie se jette littéralement sur Samantha qu'elle plaque au sol.
2. John cherche à soulever sa femme qui s'accroche comme un insecte à sa proie.
3. Samantha parvient à mordre Marie au bras qui échappe au contrôle de John et, en retour, la roue de plus belle de coups désordonnés.
4. Ada sa substitue à Marie et étouffe plus ou moins Samantha sous son poids tandis que John ceinture Marie, à près d'un mètre du sol, pour la maîtriser.
5. La caméra tangue pas mal et… ah tiens, c'est pas une paire de fesses, ça ?

Bref, en pratique, tout ne fut pas tout à fait aussi « clean » que Billy l'avait voulu. En un mot comme en cent, hormis cette échauffourée, ça baisait dans tous les recoins du *Romeo's*. Je pourrais vous énumérer les couples qui se formaient et se déformaient, les corps qui se fondaient quelques minutes, dans une zone d'ombre de l'arrière-salle ou dans l'intimité toute relative d'une voiture, sur le parking. Mais le clou de la soirée, dans la cuisine du *Romeo's*, ce fut la performance de la petite Kim qui, délaissant Ada aux platines, prouva qu'elle apprenait très vite et qu'elle ne perdait pas une miette de l'enseignement dispensé à S & C.

Le premier à la chauffer fut Amedh. Un plan large en plongée légère le montre en train de la peloter contre un énorme plan de travail en alu brossé, une main sous sa jupette écossaise, l'autre absorbée par un mamelon aussi cramoisi et gonflé qu'une saucisse cocktail. Petits seins, très gros tétons. D'ailleurs, Kim semble très vite ne plus se contrôler du tout, à subir un traitement aussi appliqué.

Un contrechamp plus rapproché permet d'en constater les effets sur ses yeux clos, sa bouche entrouverte, dont s'échappe un gémissement aigu, puis capte la main de l'Oriental qui s'immisce dans la culotte en coton blanc, toute simple. Le zoom optique arrière qui enchaîne élargit assez le cadre pour qu'on aperçoive ceux qui les ont rejoints, et les observent en roulant des yeux, qui un doigt dans la bouche, qui une main sur la braguette. On reconnaît Philip, qui sort son sexe de belle proportion et vient le frotter d'autorité contre Kim. Elle se penche spontanément pour le prendre dans sa petite bouche étroite, dans laquelle brille une rangée de dents éclatantes et qui s'effacent aussitôt pour le pomper, comme si elles n'avaient jamais été là. Il ne tarde pas à râler de bonheur. Elle ralentit le rythme, elle veut de toute évidence le faire « durer », lui offrir un plaisir aussi long que satisfaisant. C'est Dominique D. qui serait fière d'elle, elle a bien retenu la leçon. Et ce n'est pas Philip, qu'on n'aura jamais vu aussi à son aise de tout le stage, qui me démentira. Il n'en peut plus, le pauvre, il a dû en rêver depuis le premier jour. Il finit par l'attraper par sa queue-de-cheval et faire aller et venir la tête de la jeune fille sur son axe, au bord de l'implosion.

Il y a là aussi Roxy, petite brune très provocante et l'un des modèles de S & C parmi les plus populaires auprès des élèves. Alors qu'Amedh a fini par prendre Kim en levrette, elle est venue s'accroupir entre les jambes de cette dernière, entre ces deux messieurs, et lui lèche le capuchon, le bouton et les nymphes, à petits coups de langue qu'on devine légers et « agace-sens » en diable. C'est à ce moment du montage que le réalisateur choisit de privilégier la contre-plongée sur le sexe délicat et large ouvert de la jeune Asiatique. Un filet de lumière suffit à lui donner la transparence laiteuse de la nacre, progressivement couvert de sucs.

Cet angle de vue, associé à une focale très courte, laisse entrevoir que les rangs des curieux et des candidats ont encore gonflé. Les queues dressées de quelques hommes difficiles à identifier vont et viennent entre leurs mains. Derrière Kim, c'est Ron, apparemment très excité de livrer ainsi le fruit de leur travail de couple à la collectivité, qui s'active bruyamment. Il ressort sa bite de son coquillage si fin, en apparence si fragile, et vient frapper son gland à l'entrée d'un accès plus étroit encore. Elle est si menue, si petite entre ces trois corps qui s'acharnent sur elle, qu'on est en droit de se poser la question. « Oh, non... ? » commente pour lui-même l'opérateur, à qui la chose n'a pas pu échapper : la fille s'est-elle jamais fait sodomiser ? Va-t-elle supporter l'intromission de cet engin dans un orifice qui la rajeunit encore, par sa petite taille, par sa fraîcheur, par ses teintes inviolées, de quelques années ? Faut-il continuer à filmer, ou intervenir pour éviter le carnage ?

Ron doit savoir, lui, car il ne se pose aucune question et presse la pointe de son gland contre l'œillet qui éclôt aussitôt, sans la moindre résistance. Il y va lentement, tout d'abord, puis pousse plus profond, accélère la cadence et finit par balader sa verge dans le cul de sa compagne comme s'il s'agissait d'une promenade de santé. Enfin, pour lui... Car Kim, elle, grogne comme un animal à l'agonie, l'exhortant toutefois à aller plus fort et plus loin à chaque nouvelle percée.

— J'ai une idée, entend-on une voix d'homme assez douce s'exclamer à proximité de la caméra, sans voir qui est le petit génie en question.

Roxy, qui suce un anonyme et en branle un autre avec chacune de ses mains, a cédé sa place sous l'intimité écartelée de sa camarade. Philip, Kim, Ron, ces trois-là forment toujours une élégante structure en forme de pont, dont le premier d'entre eux est à la fois la tête et le point d'accroche. Les images dansent un peu et l'œil du spectateur met alors quelques bonnes secondes à comprendre quel élément nouveau est venu se cimenter à l'assemblage. Les épaules et les coudes à terre, les mains posées en soutien de ses reins, l'homme a basculé ses jambes par-dessus tête et est venu pointer son sexe sur le vagin, comme un couteau acrobatique, inattendu. « Sacrée figure ! » s'émerveille une spectatrice, admirative, dont les fesses nues viennent cacher la vue quelques instants, avant que la main velue du caméraman la pétrisse et la dégage du champ. Mais voit-on seulement son visage à cet audacieux, cet esthète qui est venu compléter la composition de façon si délicieuse ?

Bon sang mais c'est Roy ! Vous avez bien vu, vous m'avez bien lue, c'est Roy ! Pédé, capoté et pourtant déchaîné !

La vidéo s'achève en un grand n'importe quoi joyeux et furieusement exhibo. On y voit la petite troupe agglutinée autour de Kim jeter par-dessus tête ce qui lui reste de vêtements sur le poil, rejointe par quelques autres convives lors de sa traversée de la salle principale du *Romeo's*, puis courir, tous intégralement nus, dans la douceur nocturne de Prospect Avenue.

Ils furent ainsi une bonne petite vingtaine à cavaler une partie de la nuit par les rues désertes de Verona, sous les décorations de Noël, totalement anachroniques vu la température extérieure. Sur un plan en travelling à l'épaule, on voit même une guirlande lumineuse décrochée par les fêtards éclairer une ribambelle hilare de bites à l'air, dressées comme autant de poteaux électriques. En fond, on entend certains brailler *Vive le vent* et autres chants traditionnels en cette saison. D'après ceux d'entre eux qui en conservèrent un souvenir à peu près net, mais les images s'arrêtent avant, ils finirent par se baigner nus dans le lac du Essex Country Park, baignade à la suite de laquelle la moitié passa les semaines qui suivirent, y compris les fêtes, au fond de son lit, victime d'une grippe carabinée.

Ce que le film des deux clippeurs belges ne montrait pas, c'est une scène discrète, sans râles de jouissances ni rires gras, qui eut lieu à quelques pas de là, alors que la joyeuse sarabande quittait le *Romeo's*.

Elle s'était juste demandé qui pouvait bien faire une telle fiesta, dix jours après *Thank's giving*, et si peu de temps avant Noël. Elle s'était promis de revenir. Elle l'avait même déjà promis aux premiers lecteurs de son blog, ceux qui déposaient chaque jour des dizaines de commentaires, souvent cochons, parfois enflammés, plus rarement sensibles ou pertinents. Juliet était là, dans la fraîcheur tempérée de ce décembre pas comme les autres. Combien de temps passa-t-elle ainsi, debout sur son vélo, contre le trottoir d'en face ? Combien de temps allait-elle espérer en vain ? Quel miracle allait-il se produire au milieu de la nuit, qui ferait d'elle une femme, une vraie femme ?

« Ma… Maman ? » murmura-t-elle pour elle-même, la gorge étreinte par la surprise.

La silhouette ne l'avait ni vue ni entendue mais, d'où elle se tenait, elle reconnut sans aucun doute possible les lignes et la démarche de Marie. Elle semblait énervée, agitée. Sa coiffure d'ordinaire si soignée pointait vers les étoiles des mèches bien trop rebelles. Que lui était-il donc arrivé ? Que faisait-elle là, surtout ?

Marie trottina sans peine sur les quelques marches, sortit de sa poche une clé, qu'elle introduisit dans la serrure de l'entrée. Voilà, elle était à l'intérieur.

Sa mère… était entrée comme chez elle à *Sex & Cie* !

Sa mère + *Sex & Compagnie* = équation impossible, veuillez vérifier l'énoncé du problème.

Elle s'enfuit dans la nuit en courant, oubliant son vélo rose sur le sol.

Chapitre 9

Communiquer, quand on s'appelle Cyrella Walker, ne signifie pas tout dire et tout déballer, loin s'en faut. Il y a certains détails que la diva avait soigneusement occultés, dans le récit de son épiphanie orgasmique tel qu'il avait été packagé par Sonia pour les médias. Par exemple... l'identité de celui qui l'avait ainsi révélée. Elle s'était tant et si bien épanchée à propos de son clitoris croqué, un épisode savoureux il est vrai, que personne ne s'était appesanti sur les faits plus récents.

Et pourtant... et pourtant elle n'avait que ça en tête. Jusqu'à la soirée et la confrontation avec la presse, elle avait réussi à donner le change. Maintenant qu'elle avait fait son job, elle demeurait enfermée toute la journée dans sa chambre, séchant des cours pourtant aussi fondamentaux – et plus encore dans son cas – que « À la découverte du point G » de Fanny ou « Identité et orientation sexuelles : comment connaître mes goûts véritables » par Dominique D.

Je me rends compte que je vous ai bien peu parlé de cette dernière, jusqu'ici. Probablement parce que, pour essentiels que furent ses enseignements, Dominique D. était sans conteste la personnalité la plus discrète, et la plus secrète, de toute l'Académie. Toujours à l'heure, disparue aussitôt le cours fini, on ne la croisait jamais dans les couloirs, le hall ou même accoudée au comptoir de la Sexeteria. Ce n'est pas elle, contrairement à une Fanny, que vous auriez pu surprendre en plein « dérapage » dans une cabine câlin. Ni même en plein commérage avec ses élèves, à la fin d'une séance. Personne n'avait jamais mis le pied chez elle et elle n'était jamais sortie le soir avec aucun de ses collègues. À la fête de Cyrella, elle n'avait consenti qu'à une apparition très brève, à peine le temps de serrer les mains qu'il fallait et de boire un verre (sans alcool), avant de retourner à la nuit, dans laquelle sa silhouette étonnante se fondait si bien. Son apparence parlons-en... Là où Ada mêlait l'homme et la femme sans qu'on parvienne à dissocier l'un de l'autre, Dominique D. – Deedee pour quelques familiers, mais son attitude ne prêtait pas tellement à l'usage des diminutifs – s'ingéniait à juxtaposer les deux de manière on ne peut plus tranchée. Vous ne voyez pas ? Imaginez un visage couvert d'un duvet barbu sur sa moitié gauche, parfaitement glabre et maquillé sur son versant droit. Une jupe plissée associée à une veste de costume, un escarpin doré et une rangers, un chignon et la naissance d'une crête « mulet »... Dominique était bien une femme – officiellement, tout au moins –, mais elle cultivait chaque jour cette drôle d'androgynie cloisonnée. On imagine sans peine les heures qu'elle devait passer quotidiennement dans son dressing, devant sa glace, pour parvenir à cette perfection selon son goût.

Qu'elle manifestât une subite empathie pour Cyrella surprit son monde, le tout petit monde de *Sex & Cie*. Depuis « l'incident », elle la visitait tous les midis, après son cours de la matinée, et passait à chaque fois une bonne heure à son chevet. Bizarre, non ? Que pouvaient-elles bien se dire, toutes les deux ? Aussi effacée dans son tempérament qu'extravagante dans ses tenues, Deedee était peut-être l'oreille attentive et silencieuse qu'il fallait à Cyrella.

Il en est une autre, à cette période agitée, qui aurait bien eu besoin d'un confident. Certes, il y avait Ada, qui squattait une bonne partie de la journée dans son bureau, mais Marie aurait apprécié une écoute et un avis plus neutres. Ada les connaissait trop bien, John et elle ; elle les aimait trop pour ne pas s'emporter, pour ne pas poser sur leur situation le regard d'un juge. Et de la justice, Marie avait son compte, ces temps-ci. La première audience avait été fixée, de manière assez incongrue, la veille de Noël, le 24 décembre. À 9 heures précises. C'était quoi, déjà, cette formule à la con : « La justice peut bien attendre… mais elle ne saurait… » Bref, peu importe.

D'ici là, elle n'envisageait pas de réintégrer le domicile familial. Camper dans son bureau n'était pas d'un grand confort, ni une situation très facile à gérer à *Sex & Cie*. Mais, dans l'immédiat, elle n'avait pas trouvé mieux pour « punir » John de ses manquements passés, et lui signifier sa colère.

— Vous allez divorcer ? demanda Justin sur un ton plus fatigué qu'inquiet, comme si leur déménagement d'il y a deux ans était déjà plus qu'il n'en pouvait supporter dans les épreuves que les adultes lui imposaient.

— Mais non, mon chéri, on s'est juste un peu disputé avec ta maman, et elle a besoin de réfléchir au calme, répondit un John qui alignait les formules toutes faites, faute de mieux.

— Ah, OK…

— Elle est où ? s'enquit Juliet.

— Chez une amie, mentit John.

— Quelle amie ? insista-t-elle, encore sous le choc de ce qu'elle avait vu la veille.

— Une amie que tu ne connais pas, chérie.

— Ada Adamberg ? tenta Juliet avec une lueur de défi dans l'œil qu'il ne lui connaissait pas.

John faillit tomber de sa chaise. *Puta madre*, jura-t-il intérieurement, sous l'influence récente d'Arturo. Quelle riche idée avait eue Marie de désigner Ada comme le(a) « gérant(e) » de *Sex & Cie* sur leur site web officiel ! Durant la nuit, leur fille l'avait parcouru et épluché en tous sens, cliquant systématiquement sur chaque lien, et le colosse transgenre, Shrek comme elle l'appellerait désormais, était le seul contact qu'elle avait déniché. Logique en un sens que ce fût lui (elle ?) qui l'ait interceptée l'autre jour.

— Hein, papa, c'est Ada Adamberg ? C'est ça ? insista sa fille, à deux doigts de lever le pot aux roses.

— Oui, oui je crois... Mais d'où tu connais Ada, toi ? lança-t-il, cherchant à reprendre l'avantage.

— Maman m'en a parlé...

« OK, on se calme, elle ne sait rien », tenta de se raisonner John.

« OK, on se calme, maman n'a rien à voir avec eux », conclut avec soulagement Juliet, même si une dernière question – qu'elle retint – lui brûlait les lèvres : « Ils / Elles se sont rencontré(e)s où, maman et cet(te) Ada ? »

Elle ne la lui poserait pas non plus, le lendemain, quand le-la même Ada, lui eut rapporté son vélo abandonné, avec force sourires et une douceur que la jeune fille ignorait chez sa propre mère.

Le siège du Verona News – *le même matin*

On appelle ça mettre les petits plats dans les grands. Même si Cyrella avait fait demander expressément, par l'intermédiaire de Sonia, que sa visite ne soit pas médiatisée, Miss Walker, qui occupait à nouveau la une des magazines depuis ses récentes révélations, fut reçue comme une invitée de marque. Harry Grafenberg avait même troqué son éternelle chemise en jean contre un modèle en coton blanc, à col italien, fraîchement repassé – en fait, la chemise portait encore les plis de son conditionnement dans l'emballage. C'est dire…

— Cyrella, quel honneur vous faites au *Verona News* ! Je suis aux anges !

— Et moi j'en cherche un, alors tout va bien.

Décontenancé par l'humour pince-sans-rire de la milliardaire, il se contenta de lui tirer le fauteuil le plus confortable de son bureau, puis de le repousser sous ses fesses qu'il ne put s'empêcher de reluquer le temps que dura la manœuvre.

— Pas la peine de revenir sur notre accord d'hier soir, n'est-ce pas Mr Grafenberg ? Nous sommes bien d'accord sur les termes ?

— Appelez-moi Harry, je vous en prie…

— Non, je préfère m'en tenir aux usages, si vous le voulez bien. Et pour vous je serai également Miss Walker.

— Bien, comme vous voudrez…

— Je prends donc une pleine page d'annonce, tous les jours, pour la quinzaine à venir.

— Bien, bien, souffla un Harry qui ne parvenait même pas à se réjouir de cette aubaine.

— Mon service comptable a déjà dû établir le chèque, il vous parviendra demain sans faute.

— C'est parfait.

— Et vous n'avez pas oublié notre petit arrangement concernant *Sex & Cie*, j'imagine ?

— Non, non, rassurez-vous, Miss Walker.

— Alors je crois que nous nous sommes presque tout dit.

— Presque ? s'étonna Harry, qui commençait à regretter cette maudite chemise qui lui brûlait le cou.

— Eh bien il va sans dire qu'en qualité d'annonceur régulier dans votre publication, j'apprécierais assez peu, désormais, que vous vous en preniez dans vos colonnes à certains de mes amis.

— Hein ? Mais je ne...

— John et Marie Pellegrino font partie de mes amis, Mr Grafenberg. Suis-je assez claire ?

L'interphone ne lui laissa pas le temps de répondre. Son timbre strident aurait vrillé n'importe quel tympan.

— Qu'est-ce qu'il y a ? Aboya-t-il. Je suis en rendez-vous !

— Vous aviez demandé que Louisa vous rappelle, Harry, je l'ai en ligne.

— Eh bien qu'elle rappelle encore, et qu'on ne me dérange pas !

— Elle insiste, boss, elle est à moitié en larmes...

— Pfff... OK, passe-la-moi deux minutes, mais dis-lui bien que c'est deux minutes, hein ?!

Qu'est-ce qui lui prenait, à celle-là ? Depuis son « stage » à *Sex & Cie*, la pauvre fille avait complètement explosé en vol. Non contente de faillir à sa mission, elle s'était fait arrêter par son toubib et venait d'annoncer que ce dernier était disposé à allonger son congé d'au moins deux semaines. Dépression, ou une connerie comme ça, prétendait-elle.

— Louisa, nom de dieu, vous me dérangez vraiment, j'espère que vous avez une bonne raison...

La pauvre fille reniflait plus qu'elle ne parlait. C'en était pénible à écouter, et pas très compréhensible, pour tout dire.

— Snirf… Je sais, boss, je sais, je suis désoléeeee… Snirf.

— Bon, ça va, ça va, faut pas vous mettre dans des états pareils, Louisa. Hein mon p'tit ? On vous attend sur le pont, nous, on a besoin de vous !

Cyrella leva les yeux au ciel devant le spectacle du management pitoyable de son interlocuteur.

— Harry… Snirf… Snirf…

— Oui, Louisa ?

— Harry, il y a une chose que je ne peux pas garder pour moi.

— Eh bien dites-la, nom de d… Enfin, dites-la ! C'est à quel sujet ?

— C'est à propos de ce qui s'est passé… ce qui s'est passé « là-bas »… Snirf.

— Là-bas… vous voulez dire « Là-bas »…?

— Oui, glapit-elle entre deux hoquets.

— Ce que vous avez vu, c'est ça Louisa ?

— Oui… Pas seulement vu, en fait.

— Bon sang, Louisa, vous ne voulez quand même pas dire que… ?!

Il se souvint alors que Cyrella était présente dans la pièce, et coupa le haut-parleur de l'appareil. Une Cyrella qui avait perdu son visage conquérant, si hautain, si déterminé. Son expression disait moins sa gêne que son trouble.

Le reste de la conversation téléphonique se déroula au secret, dans l'oreille d'Harry Grafenberg, qui se contentait de relancer sa correspondante à coups de « Hum, Hum… Je comprends… Hum, Hum », jetant à la dérobée de brefs coups d'œil à la milliardaire qu'il avait osé mettre en attente.

— C'est très grave, Louisa, vous m'entendez ? Vous êtes totalement sûre de ce que vous avancez là ? Si vous me racontez des craques… gronda-t-il comme un papa qui fait les gros yeux.

Un couinement le convainquit de ne pas la mettre plus longtemps au supplice. Il finit par raccrocher après un chapelet d'encouragements plus ou moins adroits. Il était blême. Sa conversation de la nuit lui revint peu à peu. « Mais alors… Amanda ? ! » rumina-t-il intérieurement. Se pouvait-il qu'une telle femme bluffe ? Qu'une telle femme lui mente ?

— Qui était-ce ? l'interrogea aussitôt Cyrella.

— L'une de mes journalistes, une fille fragile… très fragile, même, fit-il d'un geste de la main évasif. À ce propos, vous avez la photo de la personne que vous recherchez ? Pour l'annonce…

— Oui, enfin Marie Pellegrino a dû l'envoyer à votre maquettiste.

— Impeccable, assena-t-il, soudain beaucoup plus assuré. Impeccable. La chasse est ouverte, alors !

Ces mots la firent frémir d'une manière inexplicable. Ce type était moche. Ce type était de toute évidence un raté. Et probablement un mauvais coup effroyable. Et il y a deux minutes encore elle se sentait d'humeur à l'écraser comme une punaise. Était-ce l'humanité dont il avait fini par faire preuve avec cette employée ? Était-ce cette brusque arrogance qu'il affichait ?

Et si « Debby », ou quel que fut son véritable nom, n'était qu'un accident de parcours ? Si le miracle de la cabine câlin n°8 pouvait se reproduire sous les coups de boutoir d'un homme aussi rustre que celui-ci ? Après tout, elle n'avait pas plus de goût *a priori* pour les femmes mûres que pour les hommes laids et décatis. Peut-être avait-elle fait fausse route depuis le début, collectionnant les amants jeunes, éclatants de beauté et de vigueur. Peut-être lui fallait-il des partenaires sans grâce.

Peut-être lui fallait-il chercher son extase dans les bas-fonds de la séduction… Était-elle comme tous ces tordus amateurs de X qui ne se repaissent que d'images crades, que de physiques et de situations à vous filer la nausée ?

La suite, dialogues compris, ressembla d'ailleurs au plus bâclé des films porno. Et si c'était aussi « mauvais », se dit-elle, alors il y avait une toute petite chance que ce soit « bon », non ?

— Que puis-je faire d'autre pour vous, Miss Walker ?

— Eh bien, hésita-t-elle en quittant son fauteuil, marchant d'un pas chaloupé vers le sien. C'est peut-être à vous de me le dire… Harry.

C'était sa grande quinzaine de la chance ou quoi ? Que disait son horoscope du jour dans le *Verona News*, déjà ? « Taureau : lâchez prise, laissez-vous aller, si vous ne connaissez pas le chemin les autres sauront vous guider, eux. » Attention, Harry, mon gaillard, ça va finir par devenir une habitude !

Il commença par se mettre bêtement à genoux, à ses pieds. Elle le rappela à l'ordre d'un regard qui voulait dire « tu sais bien, ce n'est pas la peine » et l'attira violemment à elle. Dommage, même s'il n'y avait rien à attendre, il aurait volontiers jeté un œil au clitoris amputé d'une star internationale. Pas vraiment le genre de chose qu'on a l'occasion de voir tous les jours.

Défaire l'unique agrafe de sa minijupe, glisser le slip tanga le long de ses cuisses parfaitement fuselées, la faire basculer dans le cuir craquelé de son fauteuil, tout cela ne prit pas plus de quelques secondes. D'une main impatiente et un peu gauche il parvint néanmoins à actionner le levier et, par brèves secousses, à la descendre à son niveau. Sa main droite fouilla compulsivement dans le tiroir du haut, généreusement garni en accessoires adéquats depuis la dernière visite d'Amanda. Autant celle-ci était le *safe sex* incarné, autant sa partenaire du jour ne lui inspirait guère confiance sur ce chapitre. Il avait beau ne pas appartenir à une génération qui se sentait concernée, mieux valait le latex que la chtouille.

À peine fut-il équipé qu'elle le précipita en elle, tractant puissamment sa ceinture.

— Monsieur G ? soupira-t-elle.
— Oui, grogna-t-il en retour, déjà tout à sa besogne.
— Monsieur G, c'est le moment de le prouver...

Pas besoin d'une explication de texte, il comprenait très bien ce qu'on attendait de lui. Et si l'enjeu le retenait un peu, il plia légèrement sur ses jambes afin d'offrir à son gland l'angle de pénétration et de stimulation qui lui semblait le plus favorable.

C'était pas mal. Pas mal du tout même. Cyrella ferma les yeux, tentait d'oublier où et avec qui elle se trouvait. Elle essaya d'abandonner pleinement son sexe au bourgeon de chair, gonflé, palpitant, qui s'appliquait sur la zone granuleuse qui lui avait offert tant de plaisir, quelques jours plus tôt. Elle ne s'en sentait pas loin. Il ne manquait pas grand-chose...

Cyrella était certes moins étroite qu'Amanda – on sentait la pratique régulière et les années – mais son vagin lui sembla néanmoins d'une douceur incomparable. À quoi ça tient, vraiment ? La finesse d'une muqueuse, la courbure d'un conduit, l'effacement d'un col. Oh, mon dieu... Il s'en voulait déjà de blasphémer ainsi, de céder à cette noria de tentatrices qui s'était abattue sur lui ces dernières semaines, mais il sentait aussi qu'il pouvait tomber amoureux d'une telle femme. Ni plus ni moins. Pas juste un entichement passager.

À chaque fois qu'elle entrouvrait les yeux, l'excitation retombait un peu plus. Décidément, ce n'était pas possible d'être aussi vilain que ce bonhomme. Alors quoi, ça l'excitait ou non ? Que devait-elle faire, au juste : l'oublier ou s'en repaître ? Jouirait-elle parce qu'il était laid, ou en dépit de son physique infortuné ? Fallait-il qu'elle s'élève ou au contraire qu'elle se laisse chuter au plus bas ?

Il choisit ce moment précis pour interrompre son va-et-vient, et maintenir son sexe à la lisière de son point G. L'extrémité de son gland l'effleurait à peine. Il progressa d'un petit centimètre, ajustant semble-t-il sa propre zone sensible, ce que l'on appelle chez l'homme le frein, sur celle de sa partenaire. Puis, sans le moindre mouvement, il parvint à contracter son sexe à intervalles réguliers, comme un cœur qui bat, apparemment capable de contrôler sur commande les afflux de sang dans sa verge. C'était moins fort et moins rapide que la trépidation d'un vibromasseur, mais le contact était aussi beaucoup plus délicat. Chaque secousse tirait à l'un et l'autre un gémissement complice. Après quelques essais, ils parvinrent à un synchronisme qui sembla les satisfaire.

Après une petite vingtaine de ces déflagrations douces, elle décida de répondre à ses appels, et contracta les parois de son vagin, à la suite de chaque palpitation. L'ensemble était vertigineux, comme un jeu de tam-tams qui se répondaient dans les abysses et dont les échos les surprenaient, eux, à la surface. Et, pourtant, ils ne bougeaient plus, ne soupiraient plus, ils étaient deux bonzes communiant dans une même prière.

Il se sentait revivre en elle. Jenny, Amanda, elles lui semblaient loin, si loin, minuscules. Qui aurait dit qu'il pourrait découvrir les joies d'une sexualité zen dans un corps si peu naturel, aussi transformé ? Lorsqu'il s'apprêta à jouir il ne put s'empêcher, relief de ses vieux réflexes, d'imprimer une ultime poussée au plus profond d'elle. Le mouvement de trop, le coup de reins qui fit vaciller leur fragile édifice. Elle cria brièvement sous la surprise et, après une poignée de secondes, l'expulsa, dépitée.

Pas mal, pas loin… mais pas ça. Que lui avait-il manqué, à lui, à elle, à eux deux ? Sa précipitation sur la fin suffisait-elle à expliquer son échec ?

Elle se rajusta sans un mot, passa une main à peine reconnaissante sur sa nuque courbée, et lança sans le regarder bien en face :

— Mon annonce… J'espère bien la voir dès demain, n'est-ce pas ?

Et, sans attendre aucune réponse – surtout pas – elle tourna ses talons déchaussés, une mule dorée dans chaque main.

Montrose Avenue – chez Amanda Dichs – la nuit précédente

Quand Amanda entendit la cavalcade dans la rue, elle ne put s'empêcher de jeter un œil, à l'instar de ses nombreuses voisines, le cou tendu comme des oies entre leurs volets entrebâillés.

— J'étais sûr que ce genre de choses t'intéressait, au fond !

L'apparition de la grosse figure d'Harry faillit la précipiter en arrière, à la renverse. Déjà, les fêtards nudistes disparaissaient dans l'obscurité d'une portion de l'avenue non couverte par les réverbères.

— Harry, nom d'un chien, annonce-toi, s'il te plaît ! Tu m'as fait une peur de tous les diables !
— N'exagérons pas, tu veux bien ? Je ne suis qu'un seul diable… c'est déjà pas mal non ?

Elle rougit vaguement à cette allusion et lui fit signe qu'elle allait lui ouvrir la porte. Elle portait la sœur jumelle de la chemise de nuit qu'elle avait déchirée au tout début de cette histoire, et la pointe de ses seins était parfaitement visible dans l'éclairage rasant que dispensait la cheminée du salon. Elle devait bien être la seule dans tout Verona à avoir fait un feu par des températures aussi clémentes. Mais dès le début du mois de décembre, tous les ans, Amanda faisait ses flambées du soir, sans se soucier ni du thermomètre ni du baromètre.

— Tu veux une tisane ? J'ai une excellente verveine…
— Non, ça ira, merci Amanda. J'ai assez chaud comme ça, dit-il sans penser à mal.
— Oh ça va… se méprit-elle, outrée.

Il haussa les épaules. Amanda était plus que baisable, soit, il en avait maintenant la confirmation. Mais, à côté des stagiaires de *Sex & Cie* qu'il quittait tout juste – notamment cette Cyrella, quelle femme, quel tempérament – c'était un sacré bonnet de nuit. Même Jenny, qui fréquentait autrefois la même chapelle qu'elle, avant qu'Amanda ne quitte les Premiers Adventistes pour l'Église de l'Enfant Sauveur, était plus délurée. Si son corps s'exprimait plutôt librement au cours de leurs effusions, son âme restait systématiquement au pied du lit. « Son âme n'aime pas le sexe », conclut-il pour lui-même. « Non, son âme n'aime pas la bite. »

Elle revint de la cuisine avec un mug fumant entre les mains.

— Alors, as-tu glané quelques informations, au moins, quitte à te damner avec ces gens-là ?

Amanda commençait fort. Il avait parfois du mal à se dire que la même bouche avait englouti sa queue avec bonheur, quelques jours plus tôt. Qui lui avait dit un jour que les plus coincées en société étaient aussi les plus cochonnes dans l'intimité ?

— Écoute, Amanda, cette Baker s'est rétractée, c'est bien regrettable… mais, je n'y suis pour rien ! se défendit-il préventivement.

— Je n'ai jamais dit ça, répliqua-t-elle, pincée. Je ne te reproche rien.

— C'est leur avocat, là, ce Robinson, je ne sais pas ce qu'il lui a dit pour lui filer une telle frousse, mais apparemment ça a marché.

— Hum, hum… Alors, ils ont réussi leur petite opération de com' ?

— Qu'est-ce que tu veux dire ?

— Eh bien, cette Cyrella Walker, leur grande fête, tout ça…

— Tu veux dire… que tu les soupçonnes d'avoir orchestré toute cette histoire ?

— Ne me dis pas que tu as cru à cette histoire de clitoris croqué et d'orgasme miracle ? Harry, pas toi !?

— Et pourquoi pas ?

— Harry ! On les assigne, on les assassine dans ton journal, et hop, comme par enchantement la grande vedette fait parler d'elle. Ça ne te semble pas un peu énorme ?

— J'aimerais te dire que tu as raison, Amanda, mais hélas pour toi, j'ai bien peur que tu ne te trompes. Cette histoire tombe assez bien pour redresser leur image, c'est un fait. Mais je crois que c'est tout ce qu'il y a de plus vrai.

— Écoute, je le saurais, quand même, j'étais là !

Elle se mordit l'intérieur des joues, regrettant manifestement ses derniers mots.

— Comment ça tu étais « là »?

— Enfin, façon de parler, essaya-t-elle de minimiser d'un geste vague de la main.

— C'était donc ça la « bêtise » de ton message ? Au passage, merci pour la frayeur. On ne dit pas des choses pareilles quand on n'a pas décidé d'en finir...

— Eh bien, j'essaierai de ne pas oublier la leçon quand j'en serai rendue là, fit-elle mine de se vexer pour faire diversion.

— Oh, arrête... Raconte-moi plutôt ce que tu fichais chez les Pellegrino.

— Disons que je prenais la mesure de mon adversaire.

— Comment ça ?

— Rien de bien méchant, je me suis inscrite sous un faux nom, j'ai participé à quelques cours...

— Tu les espionnais, Amanda ! Tu sais combien ce genre de plaisanterie pourrait te coûter, si ça parvenait aux oreilles de ton ami le juge Richards ?

— Tu me fais rire. Tu crois vraiment que j'avais le choix ? Sans le témoignage de Samantha je n'ai rien dans mon dossier, tu le sais aussi bien que moi.

— Pas faute de t'avoir prévenue, en effet.

— C'est bien pour ça que je ne regrette pas ma petite journée de stage chez eux, fit-elle avec un sourire calculé.

— Tu veux dire... que la pêche a été bonne ?

— Au-delà de mes espérances, Harry, vraiment au-delà de mes espérances, sa vanta-t-elle.

— Vas-y, c'est quoi ton scoop ? la défia-t-il, peu convaincu.

— Ah, ah, seulement si tu me dis ce que tu as appris toi, ce soir !

— Amanda, bon sang de bonsoir, tu as quel âge ?

Le genre de question qu'on ne posait pas à Amanda, pas même pour plaisanter, pas même pour évoquer l'âge de ses neurones et non celui de ses rides. Elle s'éloigna ostensiblement de lui, glissant les fesses sur le cuir du canapé, et se concentra sur son breuvage brûlant.

— OK, OK… Y'a pas de quoi fouetter un chat… ou plutôt une chatte, si tu me pardonnes le jeu de mots. Cyrella est complètement dingue de l'inconnu qui l'a fait jouir à S & C. Et quand je dis complètement dingue, c'est un doux euphémisme. Elle me prend une pleine page pour passer une annonce de recherche, photo à l'appui.

— Ah bon ? s'étonna Amanda, un peu déstabilisée. Et cette photo, tu l'as vue ?

— Non, je dois la recevoir demain. Mais c'est là où ça croustille un peu : apparemment son coup du siècle est UNE inconnue…

— Tu es sérieux ?!

— Absolument ! Personne n'a tilté pendant la conférence de presse, mais moi ça ne m'a pas échappé : pas une seule fois elle n'a évoqué le sexe ou même le physique de son généreux pourvoyeur d'orgasme.

— Hum, mais elle n'a pas dit non plus explicitement que c'était une femme… N'est-ce pas ?

— Non. Non, c'est sûr… Mais tu crois qu'elle se serait privée de le crier sur les toits, si ça avait été un bel étalon ? Tu crois vraiment qu'elle aurait pris la peine de rester aussi évasive ? « Un inconnu »… Franchement !? Ou alors c'est que c'est un nain... ou un vieux... remarque ça peut être aussi une vieille...

— Oh, Harry, arrête un peu avec cette histoire d'âge, s'il te plaît !

Un sourcil frémit, un œil s'arrondit, il avait peur de trop bien lire entre les lignes. Aurait-elle feint de tout ignorer de cette affaire ? Aurait-elle simulé la surprise ? Se pouvait-il qu'Amanda Dichs, l'Amanda Dichs qu'il avait vue tant de fois prier, communier, servir sa communauté non seulement le dimanche mais aussi tous les jours de la semaine, que cette femme-là soit au cœur d'une histoire aussi écœurante – et un peu excitante aussi, pour être tout à fait honnête ?

— Amanda... Ne me dis pas que...

— Que quoi ? fit-elle avec un mélange de candeur et de perversité, qui entretenait le doute à merveille.

— Non... Rien, se rétracta-t-il prudemment.

En omettant par la suite de lui raconter sa petite équipée à *Sex & Cie*, Amanda cultiva le trouble de son ami de fort belle manière. En omettant de lui en demander le récit, juste récompense de sa propre confession, Harry lui prouva qu'elle avait parfaitement réussi sa petite manœuvre. Désormais Harry Grafenberg était convaincu que, de ces mêmes doigts soignés qui agrippaient maintenant l'anse de sa tasse, elle avait fait jouir Cyrella Walker, quelques jours auparavant.

Et, subjuguée par la finesse de la stratégie qu'elle venait d'improviser, elle n'était pas près de le démentir. Après tout, avait-elle dit le moindre mot en ce sens ? Le jour venu, spécula-t-elle, Harry constituerait ainsi le meilleur des témoins possibles : celui qui n'avait rien vu, à qui l'on n'avait rien dit et qui, ce faisant, avait comblé les trous de l'histoire avec d'autant plus de conviction qu'il n'y avait justement que cela, des trous.

Ce soir-là, ils baisèrent avec une vigueur démultipliée par les silences interrogateurs et le poids des non-dits.

— Finalement… souffla Harry en glissant une paume lourde sur la cuisse que la chemise de nuit, trop légère, découvrait presque jusqu'à sa culotte.
— Finalement ? se crispa légèrement Amanda.

La main du journaliste poursuivait son chemin plus haut et sa bouche épaisse, empestant l'alcool et le tabac, était venue se coller sur la zone la plus charnue de son cou, à la racine des trapèzes, juste là où l'on pouvait provoquer chez cette femme naphtalinée de véritables décharges.

— Finalement tu es une vraie petite cochonne… glissa-t-il avant de lui lécher le lobe de l'oreille.

C'est étonnant comme, en de rares occasions, des occasions bénies et dont on se souvient longtemps, les zones érogènes les plus sensibles de notre partenaire nous apparaissent clairement. C'est comme si son corps tout entier était le mannequin d'une boîte d'initiation à la biologie, et que les parties les plus sensuelles de son anatomie s'embrasaient de petites diodes rougeoyantes, tour à tour, dans l'ordre exact où il les lui fallait découvrir, puis stimuler.

L'enchaînement était si précis, si fluide, si doux, qu'elle ne songea même pas à s'insurger d'une remarque que, en d'autres circonstances, même intimes, elle n'aurait pas supportée. Mais là, ma foi, elle voulait bien être une petite cochonne s'il continuait à lui presser les fesses avec autant de vigueur, à lui croquer la nuque de ses dents pourtant si mal chaussées, à effleurer maintenant un point qui lui apparaissait il y a peu comme la porte même de l'enfer. Quelle volupté pourtant quand il y glissa un index décidé ! C'était donc ça que sa religion condamnait avec tant de vigueur ? Ça qui lui vaudrait (peut-être) d'être damnée ?

Harry n'eut pas besoin du commentaire de je ne sais quel Évangile pour comprendre qu'Amanda appréciait ce nouveau traitement. Il bascula brusquement sa partenaire sur le côté, abaissa la culotte de coton blanc d'un seul geste, écarta ses fesses encore jointes comme on fend un abricot. Son sexe, déjà liquide, douloureusement rigide, jaillit entre deux boutons de sa braguette sans qu'il ait presque à manœuvrer cette dernière. Son gland luisait d'envie, vibrait d'interdit, frétillait de joie comme on se grise d'un blasphème. Jamais dans son souvenir il ne s'était vu la queue produisant autant de jus translucide, que de petits spasmes expulsaient en saccades.

En guidant son pinceau d'une main refermée en anneau, à la base du renflement violacé, il badigeonna l'anus de son amante, brillant et peu à peu dilaté. Pour parfaire son œuvre, il souleva Amanda par les hanches et cala ses genoux sur le bord du divan. Son cul était posé sur l'autel de leur nouvelle alliance. Il en tremblait d'émotion. Cette fois elle serait à lui, totalement. Elle ne serait plus sa maîtresse, contrainte et contrite, elle s'offrait, elle s'ouvrait, elle mettait ses viscères entre ses mains, au bout de son pic, comme son étendard.

Les jambes fléchies, il poursuivit son tartinage préparatoire, piquant parfois un demi-centimètre dans l'œillet baveux, lui tirant par instants une cambrure qui exprimait sa faim, hurlait son besoin d'être enfin possédée.

— Demande-le-moi, geignit-il, fébrile, au bord de la suffocation.

— Je ne…

— Demande-le-moi ! lui intima-t-il avec plus de force.

— Prends… prends-moi ! concéda-t-elle, sa gorge déchirée par le désir.
— Pas comme ça… demande-le moi vraiment !

Quelques millimètres supplémentaires étaient entrés. Les sphincters s'étiraient juste assez, à l'acmé de leur tension, au seuil de la capitulation. Pour l'un comme pour l'autre, l'attente était odieuse. Il fallait en finir. Il fallait le dire, nom de dieu, il fallait le beugler :

— Encule-moi, Harry, bon sang, encule-moi tu m'entends !

Le reste disparut dans le rectum glouton sans effort ni choc particulier. Une fois au fond, il patienta quelques instants avant de commuter un pistonnage léger, régulier, parfaitement à l'aise dans la gaine étroite et chaude de la bigote. Chacun en ce bas monde n'a-t-il pas sa place attitrée dans un orifice ? Il se sentait tellement à son aise dans ce cul béni. Tellement chez lui. Un bref coup d'œil panoramique lui offrit le spectacle de la crèche qu'elle avait disposée au pied du sapin. Sodome, *sweet* Sodome.

En passant sa langue sur ses lèvres, Amanda sentit le sel de ses larmes. Des larmes de quoi, au juste ? Pouvait-on jouir et souffrir autant et au même moment ? Pouvait-on s'aimer et se détester autant à la fois ?

La rotation en surface de deux gros doigts sur son clito ne lui laissa que peu le loisir de répondre. Elle était bel et bien perdue, cette fois. Les jeux étaient faits. Elle était en train de se faire sodomiser et aussi vrai que Jésus la regardait et la comprenait à chaque instant, à chaque souffle, oui aussi vrai que les plus fortes de ses convictions, elle allait jouir, du cul, du con et même un peu du cœur.

— Oh non... lâcha-t-elle, dans un rire étonné. Oh NOOOOOOON !

Cette fois-là, mes amis, l'âme d'Amanda Dichs ne fut plus très loin de se rendre.

Montrose Avenue – une voiture à quelques dizaines de mètres de chez Amanda Dichs – la nuit de la fête organisée par Cyrella

Au volant de sa Volvo, Francky repassait en revue les images prises depuis le début de la soirée. Ce job était mal payé et les horaires – au gré de caprices de sa majesté Grafenberg – étaient impossibles, mais il fallait bien avouer qu'il y avait de temps à autre de vraies compensations. Les photos qui défilaient sur l'écran LCD de son numérique en étaient quelques-unes.

Il n'avait pas manqué une miette des drôles de recettes mitonnées dans la cuisine du *Romeo's*. Cette petite Asiat', bon sang, quelle bombe ! Il se serait volontiers tiré sur la nouille, là, dans la crasse familière de l'habitacle, s'il n'avait attendu de la visite. En prévision, il permuta les cartes mémoires dans l'appareil et cala cette nouvelle série sur les clichés qui intéresseraient le plus son contact.

— Alors Mr Petrilli, mon patron va-t-il être content de vos services ?

Distrait par la bande de nudistes qu'il aperçut au bout de l'avenue – les jeunes de Verona ne savaient plus quoi inventer pour tromper l'ennui de ce bled – il n'avait pas entendu Trishia Demembha ouvrir la porte. Pas mal, elle non plus. Un instant il se demanda ce que cette « souris-là » donnerait dans les mêmes postures que la petite Kim.

— Tout est là, se contenta-t-il de lui répondre, en lui tendant l'appareil et en louchant sur une cuisse brièvement dénudée.

— Bien... très bien... très très bien, même, ponctua-t-elle d'un mouvement du pouce sur le bouton de défilement. C'est votre patron qui vous a formé à la photo ?

Sa grimace aigre lui signifia à quel point il appréciait peu ce trait d'humour.

Chapitre 10

Plus de deux semaines avaient passé.

Chaque jour avait offert son lot de surprises, de petites douleurs et de déconvenues, on s'en doute. À *Sex & Cie*, l'effectif s'était renouvelé. Certains stagiaires, tels que Kim et Ron par exemple, avaient achevé leur cycle et étaient partis, au grand dam de leurs camarades. Depuis la fête de Cyrella au *Romeo's*, ces deux-là étaient au comble de leur popularité. Mais ce sont toujours les meilleurs qui partent les premiers, n'est-ce pas ?

Je vous rassure, ils avaient promis de revenir très vite. En matière de sexualité, pouvait-on jamais considérer sa formation comme achevée ? Ne retournait-on pas toujours à la source de sa jouissance originelle, que ce soit le sein d'une mère, le sexe d'un amant, le lieu d'une effusion réussie ? Le jour de leur départ, la séance de Kama Karma fut une apothéose. Encouragés par les autres élèves, ils enchaînèrent près de quarante positions de suite avant de s'écrouler, épuisés. Je sais, vous allez me dire : aligner le plus de postures possibles n'est pas le but de l'exercice. Le but de cet exercice, comme vous le savez sans doute, c'est de tester « en profondeur » chacune des positions les plus courantes (une quinzaine en moyenne), de l'explorer sous toutes ses facettes, pour déterminer durablement laquelle, – ou plutôt lesquelles – conviennent le mieux au couple que vous formez avec votre partenaire. Voilà ce que vous brûlez de me dire ; et vous aurez raison. Mais ce fut leur bouquet final, leur manière à eux de marquer la petite histoire de l'Académie et la grande histoire de leurs relations intimes.

À Verona, on continuait à vivre, bien sûr, mais on vivait suspendus, dans une sorte d'apnée du temps qui passe, qui passe et qui finit par ne plus s'écouler, accroché à la perspective des audiences du procès qui allait opposer Amanda Dichs et *Sex & Cie*. Toute la ville ne parlait plus que de cela. Dans ce contexte, la parution de l'annonce de Cyrella fit grand bruit. C'était prévu, bien sûr, et la seconde onde de choc médiatique fut gérée depuis New York par l'incontournable Sonia. Car, en dépit de la piètre qualité de l'image – une capture vidéo en noir et blanc et basse définition –, malgré la perruque de travers et les lunettes de soleil, il n'y avait aucun doute possible : le « dépuceleur orgasmique » de Cyrella, comme le désignait Elmer Blumm, était une femme !

D'où venait-elle ? Qui pouvait-elle bien être ? Habitait-elle Verona ou avait-elle été attirée ici par la présence de la star ? Personne n'avait la moindre piste ni la moindre petite idée, mais on ne regardait plus tout à fait de la même manière les femmes dans la quarantaine, à tel point que certaines d'entre elles, soucieuses de leur réputation, prenaient les devants et cherchaient à se disculper d'une façon qui les rendait encore plus suspectes.

« On a fait des tartes toute la journée avec Judith, pour la kermesse de la paroisse, vous pouvez lui demander, hein ! »

Amanda se donnait désormais tous les soirs à un Harry Grafenberg devenu insatiable – mais quelle mouche le piquait ? Ils s'étaient côtoyés pendant plus de dix ans sans que jamais il ne manifestât le moindre signe de désir. Elle expiait ses fautes passées, présentes et plus encore à venir, en se recueillant chaque jour au temple de l'Enfant Sauveur. Se confesser ? Non, c'était trop fort, trop gros, elle ne pourrait pas. Peut-être après, quand elle aurait eu la peau de ses ennemis. Mais avant, ce n'était juste pas possible.

À défaut de blizzard, c'est un vent chaud, un vent libertin qui soufflait sur Verona. Une brume sensuelle comme la petite ville n'en avait jamais connu...

Villa des Pellegrino – le 8 décembre 2009, dans la matinée

Après avoir fait connaître une impressionnante série d'orgasmes du point G à « Dolly », son vagin virtuel, Justin décida qu'il était temps pour lui de passer dans le camp des « hermas », la catégorie reine de my3sex.com. Puceau, lui ?! Laissez-moi rigoler ! Quand il lisait cet article du *Verona News* – en cachette, évidemment – sur cette folle de Cyrella Walker, incapable de prendre son pied à quarante ans passés... Il se trouvait plutôt en avance sur son âge.

Mais devenir un « herma », ce n'était pas de la tarte. Les points n'étaient comptabilisés que si vous jouissiez en même temps avec votre sexe féminin et votre sexe masculin.

— B'jour..., laissa-t-il pendre sa mâchoire en ouvrant la porte.

Il ne regretta pas de s'être bougé le premier, pour une fois. In-cro-ya-ble ! Là, devant lui, un hermaphrodite – ou tout comme – il l'aurait juré.

— Bonjour, jeune homme. Je cherche la jeune fille qui vit ici… Ta sœur, je suppose.
— Hum, hum, meugla Justin, subjugué.
— Tu peux l'appeler pour moi ?
— Hum, hum.

Il ne remarqua même pas le vélo rose, celui de Juliet, qui ressemblait à un modèle réduit sous le bras du (de la) géant(e). Une foule de questions se bousculaient dans sa gorge ; mais aucune ne sortit.

— Vous… Vous… ?
— Je veux bien entrer, oui, sourit un(e) Ada amusé(e) par la gêne du gamin.
— Casse-toi ! intervint Juliet, propulsée par les escaliers, poussant Justin d'une main sans appel.
— C'est bien le vôtre ? demanda Ada en brandissant le vieux biclou comme s'il s'était agi d'une brindille.
— Oui, oui, c'est le mien.
— J'étais à peu près sûr(e) de l'avoir reconnu.
— Merci, c'est… c'est vraiment très gentil. C'est maman ?
— Maman ? cilla Ada.
— C'est maman qui vous a donné l'adresse ?
— Oui, c'est ta maman.

Ada avait fini par cuisiner John, qui lui confia quelle version officielle il avait servi aux enfants.

L'air de rien, Ada venait d'enfreindre la plus stricte des quatre règles fixées par Marie et John. Il-elle savait bien qu'en aucun cas, il ne lui était permis de se présenter à leur domicile. Encore moins en leur absence. Et moins encore sans leur en avoir parlé au préalable. Leur colère, s'ils venaient à l'apprendre, n'était ni difficile ni très belle à imaginer.

— Comment elle va ?

— Elle va bien.

— Elle… ça me fait bizarre de dire ça, mais elle me manque, vous savez.

— J'imagine bien. Et elle aussi, vous lui manquez, tu peux me croire.

— Elle va rester longtemps, chez vous ?

— Je n'en ai aucune idée, ma chérie, répondit Shrek avec un geste affectueux que Juliet ne repoussa pas. C'est à elle de décider.

— Excusez-moi, mais… Ça ne lui fait pas drôle de vivre là-bas… ?

— Non, je ne crois pas.

— … je veux dire dans une « école » comme ça, précisa-t-elle, mimant les guillemets avec son index et son majeur réunis.

— J'avais compris, sourit largement Ada.

Le sentiment de familiarité que Juliet avait ressenti la première fois se confirmait. Homme, femme, ou encore autre chose, peu importe, cet être étrange semblait dévoué corps et âme à sa mère et cette qualité, à ce moment précis, suffisait amplement à ses yeux. Homme, femme, ou encore autre chose, c'était avant tout un(e) allié(e). Évidemment, qu'Ada Adamberg dirigeât l'Académie de Sexolistique et fût par ailleurs une amie proche de sa mère, cela n'arrangeait pas ses affaires. Il serait *a priori* impossible de jamais s'y inscrire sans que ses parents ne l'apprennent… Mais ses soucis avec Brad lui semblaient soudain bien dérisoires, au regard de ce que traversait sa famille.

Sex & Cie – *le 8 décembre 2009, dans l'après-midi*

Brad, lui, n'avait conçu aucun doute ni aucune hésitation.

S'il n'avait jamais parlé à Juliet du premier article du *Verona News*, celui qui faisait état de la procédure engagée par Amanda Dichs contre ses parents, c'était autant pour la préserver – après tout, peut-être connaissait-elle toute la vérité et cherchait-elle à garder sauve la réputation de ses parents auprès de ses camarades – que parce qu'il supposait bien, qu'un jour, une telle information pourrait servir ses intérêts. Il ne savait pas encore bien comment, mais il était persuadé que le moment d'agir était venu. Chez lui, ce n'était pas le fruit d'une quelconque intuition, mais la plus banale et hormonale des injonctions.

— J'aimerais voir Marie Pellegrino, s'il vous plaît.

Mon dieu, la créature qui l'avait intercepté dans le hall était à tomber ! Pour un peu, sa détermination à ravir le pucelage de Juliet aurait fondu dans cette chaleur hivernale.

— Vous êtes ? le détailla Fanny Lee de la tête aux pieds.
— Brad Bradford.
— Elle vous attend ?
— Non, non pas vraiment… C'est personnel…
— Personnel ? le fixa-t-elle par en dessous, une esquisse de sourire sur les lèvres.
— Et important, ajouta-t-il, décidé.
— OK, Brad Bradford, l'invita-t-elle du regard avec un soupçon d'ironie, je vous accompagne à son bureau. Suivez-moi.

Son bureau ? Son bureau ?! Bingo ! C'était donc bien ça. Cette petite sainte nitouche de Juliet se refusait à lui quand sa propre mère tenait une sorte de bordel ?! Et ce cul, « pincez-moi », ce cul ! Il se laissa aimanter par son mouvement ample et fluide jusqu'à la porte dont la plaque lui apporta confirmation : « Direction Générale – Marie Pellegrino ».

Lorsqu'elle passa à nouveau par le hall, en direction de la salle n° 1 et de son cours de « Digital Sex » qui l'attendait – un enseignement qui avait vu les auditeurs libres affluer, depuis les révélations sur l'orgasme de Cyrella – Fanny fut interceptée une fois encore. « C'est pas vrai ! », songea-t-elle. « Ils vont me laisser bosser, oui ? »

Le visage de la jeune femme, timide, pétrifiée sur le seuil, ne lui était pas inconnu. Où l'avait-elle déjà vue ?

— Je peux vous aider ?

— Bonjour…

— Bonjour.

— Je voudrais… je voudrais m'inscrire.

— Très bien ! Vous avez une idée du module qui vous intéresse ?

— Oui… Enfin, non, j'hésite un peu.

— Je comprends, difficile de choisir, fit-elle avec un sourire engageant.

Cette brunette était ce que l'on peut appeler un petit gabarit, mais il émanait d'elle un magnétisme souverain. Fanny l'invita à s'asseoir sur une chaise de l'entrée et revint aussitôt avec une brochure et un formulaire.

— Voilà, je vous laisse découvrir ça et compléter ce formulaire. Marie est en rendez-vous mais elle vous reçoit juste après. D'accord ?

— D'accord, merci, osa à peine la regarder la jeune femme.

— Tout va bien, vous êtes sûre ?

— Tout va bien, merci, souffla-t-elle, légèrement plus détendue.

Elle saisit le stylo bille qu'on lui tendait, et s'appliqua à remplir les cases du mieux possible.

Nom : Vasquez
Prénom : Gina
Date de naissance : 5 avril 1979

Elle ne s'abusait pas vraiment, non. Elle savait pertinemment pourquoi elle était là, au fond. Et si elle tremblait encore un peu, Gina se sentit plus résolue que jamais.

QU'ATTENDEZ-VOUS EN PRIORITÉ DE CETTE FORMATION ?
(ne cochez qu'une seule proposition SVP)

- ❒ Améliorer ma sensualité et la perception de mon corps
- ❒ Améliorer mes connaissances et mes techniques érotiques
- ☑ Découvrir des pratiques qui m'étaient inconnues
- ❒ Relancer ma libido et nourrir mes futurs fantasmes
- ❒ Améliorer ou relancer les relations sexuelles au sein de mon couple
- ❒ Me préparer à des relations sexuelles au sein d'un couple
- ❒ Connaître un type d'orgasme que je n'ai encore jamais connu
- ❒ Améliorer la qualité de mes sensations et de mes orgasmes

Elle ne rêvait pas, *Sanctus Christus*, c'est bien elle qui avait coché cette proposition. Elle, la nouvelle Gina…

Sex & Cie – *le bureau de Marie – au même moment*

— Je ne comprends pas bien le sens de ta démarche, jeune homme… Tu cherches quoi, exactement ? À me faire chanter, c'est ça ? À ce que je convainque ma fille de seize ans de coucher avec toi... contre ton silence ? ! C'est bien ça que tu veux ? C'est pour ça que tu viens dans MON bureau aujourd'hui ???

Si Ada avait été là, il-elle aurait viré l'importun d'un bon coup de pied au cul, ce que méritait de toute évidence ce chenapan, ce bébé mal dégrossi. Que foutait Ada d'ailleurs ? Ou était-il-elle passé(e) ?

Brad n'en menait plus très large. Il pensait que les choses seraient plus simples. Qu'elle comprendrait à demi-mot et qu'elle se rendrait à son point de vue sans esclandre.

— Tu sais que je pourrais appeler les flics immédiatement ? Tu sais que le chef Edwards est un ami ? Renseigne-toi, demande autour de toi : ses hommes ont campé ici jour et nuit pendant quinze jours, fulminait Marie.

— Mrs Pellegrino, je..., bredouillait le petit copain de sa fille.

Elle n'arrivait pas à être tout à fait en colère. Après tout, il avait préféré venir ici plutôt que de tout déballer à Juliet. C'était encourageant, non ? Ce garçon était un bon petit. Il suffisait de le recadrer un peu... et de le manipuler, juste ce qu'il fallait.

— Bon, cela dit, si ma fille s'intéresse à toi, j'imagine qu'elle a ses raisons, hein.

— J'aime beaucoup Juliet, vous savez, cherchait-il à se refaire.

— Je n'en doute pas, je n'en doute pas. Tu l'aimes tellement que tu vas le lui prouver.

— … Comment ça ?

— Tu vas l'emmener en vacances avec toi pour les fêtes. C'est pas ta famille qui passe tous ses Noëls dans sa maison des Hampton ?

C'était gonflé, mais elle ne voyait pas d'autre moyen d'éloigner ses enfants le temps des audiences. Il y avait bien les parents de John, mais Juliet et Justin hurlaient dès qu'il était question d'aller chez « Papy et Mamy », qui ne faisaient « que leur parler pêche, cuisine », et qui leur demandaient de « ranger leur chambre dix fois par jour ».

— Si, si, c'est moi… enfin, c'est nous. Mais, je…

— Peuh, peuh, peuh, pas de discussion, vous partez quand ?

— Euh, demain matin.

— Parfait ! Vous partez tous les trois avec tes parents.

— Tous les trois ?

— Ah ben oui, tu prends Justin aussi ! Sinon c'est pas drôle.

— Jus…, en suffoquait presque le pauvre garçon, à l'idée de passer le réveillon avec le frère demeuré de sa copine.

— Voilà, c'est décidé. Ça ne posera pas de problème à tes parents, n'est-ce pas ? Tu veux que je les appelle ? lui demanda-t-elle comme une menace.

— Non… Non.

Il était médusé. Puis, au sourire presque amical de Marie, il comprit qu'elle lui faisait peut-être le plus beau des cadeaux de Noël.

— Emballé c'est pesé ! Vous serez pas bien tous les deux ? Collés devant le feu de cheminée ? À vous embrasser sous le gui ?

— Si, m'dame…

— Hein ? Avec un peu de chance vous partagerez la même chambre ? Ce n'est pas ce que tu veux, Brad ? Dis-moi franchement ?

Bon sang, elle n'en revenait pas, elle était en train de négocier la virginité de sa fille pour protéger l'intégrité de sa famille...

— Allez, tu vas voir, je suis sûre que ce sera un super Noël ! acheva-t-elle en le poussant déjà par les épaules. J'appelle Juliet tout de suite pour lui annoncer la bonne nouvelle.

Quand il ressortit, la tête basse, Brad faillit se sentir mal. Elle ne portait pas son uniforme mais même avec un déguisement d'Halloween, il l'aurait reconnue : là, à quelques mètres, qui attendait son tour, la fliquette qui l'avait serré l'été précédent pour une petite fumette de rien du tout dans le Park !

Il tenta de regarder ailleurs, de couvrir son visage avec sa main gauche mais, à sa grande surprise, elle semblait plus gênée encore que lui. Elle s'engouffra dans le bureau de Marie Pellegrino prestement, sans un mot, sans lui signifier qu'elle l'avait reconnu. Pourtant, il en était certain, c'était bien le cas...

Sex & Cie – *cabine câlin n°8*

Gina avait insisté pour commencer son stage de sept jours dès cette après-midi – elle ne pouvait pas prendre plus de disponibilité à cette période de l'année, toujours très chargée sur le front de la criminalité urbaine, ce n'est pas le chef Edwards qui démentirait.

Elle était entrée dans le vif du sujet en débarquant au beau milieu du cours de Fanny : « Digital Sex ». Avec une trentaine de stagiaires et de curieux, la salle était au maximum de sa capacité.

Cyrella, qui avait fini par sortir de sa léthargie, en partie grâce au talent – même très relatif – d'Harry Grafenberg, se sentait observée et, pour une fois, ne l'appréciait guère. Chacun s'attendait à voir le miracle se produire de nouveau et ce côté sainte Bernadette devant la grotte, non, vraiment, ce n'était pas son truc.

L'arrivée impromptue de Gina fut le rayon qui dispersa les dernières nappes de morosité. Voilà qui allait pimenter la journée. Et peut-être plus, qui sait ?

Elle la dévora des yeux toute la séance, jetant des regards gourmands à la brunette dont le corps hésitait entre la fuite et la reddition. À l'issue, il ne fut pas très difficile de la convaincre qu'un autre type de consommation de ses charmes était possible. Muette, Gina se laissa entraîner là même où Cyrella avait découvert le plaisir. Cabine câlin n°8.

Derrière les écrans de contrôle, c'est bien dommage, il n'y eut personne ce matin-là pour admirer la fusion de leurs deux corps. La blonde et la brune. Mêlées, soudées, emmêlées même, soudain aussi essentielles à l'une qu'à l'autre. Dommage, vraiment, car le tableau était parfait, les gestes doux, fluides, sans heurts. Cyrella avait connu son premier orgasme dans la ferveur de l'urgence ; elle connut le deuxième dans l'extrême langueur, dans un long ralenti de mouvements, une lente ascension vers le plaisir, une montée sans effort, comme si un tapis roulant l'y menait à son rythme, sans à-coups, une remontée tout sauf mécanique, une marée qui avait tout son temps, sûre d'être haute à son heure.

Gina se découvrit une langue longue et pointue, assez agile pour darder comme un doigt dans le sexe de sa partenaire, assez précise pour caresser la zone sensible de Cyrella, assez forte pour soutenir l'échange et faire capituler bien vite celle-ci, qui s'écroula à moitié sous le choc.

Quelle drôle de sensation, quel étrange pouvoir elle apprivoisait ici ! Le pouvoir de faire jouir une femme... Et si c'est ce goût, ce breuvage, cette fontaine, qu'elle avait toujours cherchés, sans le savoir ? Et si elle était faite « pour ça » ? !

Lorsque Cyrella effleura son sexe, elle constata qu'elle était trempée elle aussi. Elle n'avait pas juste « rendu un service », elle ne s'était pas contentée de faire plaisir à son partenaire, comme elle en avait l'habitude. Mine de rien, elle s'était conduite elle aussi jusqu'au point extrême de son excitation. La langue de son amante sur son clitoris fut presque une douleur. Elle se cambra jusqu'à enfouir tout à fait le visage blond entre ses cuisses, le front de Cyrella maintenant frangé d'un rideau de mousse sombre. « Oh, mon dieu... mon dieu », un homme l'avait-il jamais léchée de la sorte ? Avait-on jamais œuvré si généreusement à son bonheur ? Qui lui avait donné tant de plaisir, sans contrepartie ni calcul ? Qui ?

— Non... Arrête, non... je vais venir...

« Viens, viens ma belle », lui répondit la main que Cyrella plaqua sur son ventre, suffisamment ferme pour exiger de sa partenaire obéissance et abandon. Une décharge traversa tout son corps. Ses mains s'agrippèrent à la chevelure platine comme à la corde qui la suspendrait entre ciel et terre. Un cri déchira le silence de la cabine, amorcé comme une plainte, achevé comme une explosion. S'il était seulement possible de conserver une once de clairvoyance en de tels instants, un peu de sincérité, Gina aurait volontiers reconnu que jouir sous la langue de Cyrella Walker, transformer ne serait-ce que quelques minutes une idole en un vulgaire jouet sexuel, qu'un tel renversement complet des rôles et des « valeurs » exaltées par cette société – les riches tout en haut, elle tout en bas – n'était pas étranger à la violence de son plaisir. Quelle revanche ! Le grand capital penché sur son sexe, la célébrité esclave de son cul.

Gina repoussa doucement le visage de sa maîtresse pour mieux l'envisager. Pourrait-elle s'en passer, désormais ? Pourrait-elle jamais espérer mieux que cette déflagration douce, ce séisme dont l'épicentre palpitait encore, quelque part dans son ventre ?

Les deux femmes s'enlacèrent, allongées à même l'alaise plastifiée de la couchette, chacune retirant sur le corps de l'autre les dernières pièces de vêtements qui empêchaient un contact qu'elles voulaient total. Immobiles, sans qu'aucun mouvement ne vienne parasiter l'instant, cinq cent mille capteurs sensoriels communièrent alors à la surface de leurs peaux, à peine traversées de temps à autre par un frisson.

Sex & Cie – *le bureau de Marie*

La queue de Mark, Marie l'avait baisée, sucée, bue et engouffrée des milliers de fois dans chacun de ses orifices. Dans ses fantasmes, bien sûr, dans ses fantasmes. Qu'allez-vous imaginer ?

Quand Mark Robinson avait parlé d'un « training », elle en aurait presque mouillé mais, à l'usage, la chose était bien moins excitante. Déjà parce que cela supposait de supporter la présence de John, qu'elle évitait soigneusement depuis plusieurs semaines, jonglant avec le planning et les salles pour le croiser le moins possible à

S & C. Ensuite parce que leur dossier de défense, aussi nourri fût-il, elle constata que les attaques simulées par Mark parvenaient parfois à les déstabiliser, son mari et elle.

— Mr Pellegrino, Mrs Pellegrino, pouvez-vous nous expliquer pourquoi, manifestement, personne ne semble jamais surveiller les écrans de contrôle de votre établissement ?

— Écoutez, quand nous avons ouvert *Sex & Cie*, on nous a reproché exactement le contraire, répliqua Marie sans se démonter.

— C'est-à-dire ?

— Eh bien d'avoir installé des caméras justement. On nous soupçonnait par avance de toutes les dérives : de revendre les images, de les diffuser sur Internet, etc.

— Et ce n'est pas le cas, bien sûr ? Rassurez-moi...

— Bien sûr que non, enfin ! s'insurgea-t-elle.

— Alors, je répète ma question, Mrs Pellegrino. Puisque depuis deux ans vous avez fait preuve d'une éthique irréprochable... pourquoi ne pas vous être servis de cet équipement dans sa fonction initiale ? Comme un outil de prévention ?

— Si vous croyez qu'on n'a que ça à fou...

— Bon sang, John, tu vas vraiment répondre ça au juge Richards ? s'agaça Marie sans laisser à Mark le temps d'intervenir. Hein ?

— Ben qu'est-ce que tu veux qu'on lui réponde : on a merdé... on a merdé, voilà tout ! Non on n'a pas surveillé le moindre écran en deux ans. *So what* ? C'est un crime ?! On va en prison pour ça ?!

— Ce n'est pas le problème, Mark chercha à calmer le jeu. Aussi infondées soient les questions du procureur, vous devez être capables d'y apporter une réponse claire. Une réponse sans ambiguïté, tu comprends ? Et de préférence sans vous énerver, bien sûr.

La tension entre ses deux clients, ses deux amis comme il les considérait depuis longtemps, était palpable. Manquait plus que ça… Rien de pire qu'une défense désunie. Rien de pire qu'un conflit larvé qui vient fissurer la muraille infranchissable qu'il s'efforçait de bâtir avec eux. Pour eux.

Il les considéra un instant, l'un, puis l'autre.

— Ce n'est pas l'avocat qui vous le demande, mais l'ami. Êtes-vous certains de m'avoir tout dit ?

— Comment ça « tout dit » ? s'étonna John.

— On se connaît depuis combien de temps, vous et moi ? Dix ans ? Un peu plus ? On n'a plus de secrets les uns pour les autres, n'est-ce pas ?

— Non, bien sûr que non, lui répondit une Marie soudain fébrile.

— Des conneries, tout ça ! Même pour ses enfants, même pour sa femme, même pour ses amis de trente ans, on a toujours des secrets, vous m'entendez ? Toujours !

— Mark, qu'est-ce que tu veux qu'on te cache ?

— J'en sais rien, n'importe quoi. Si ce métier m'a appris une chose c'est que tout est possible. Vraiment tout.

— Qu'est-ce que tu cherches à prouver ?

— Je suis en train de vous dire que vous pouvez perdre votre chemise dans ce putain de procès. Que ça peut se jouer à rien du tout.

— On le sait, ça, Mark, chercha à le rassurer Marie.

— Génial. Alors on est bien d'accord : je n'ignore plus rien qui pourrait nous servir, ou plus encore nous desservir, dans cette histoire ? Pas le moindre détail ? Même insignifiant ? Rien ? Peau de balle ?

— Tu sais tout, Mark, absolument tout, affirma Marie, crânement, fixant son avocat, luttant pour ne pas jeter à John un regard qui la trahirait.

Palais de justice du comté d'Orange –
le 24 décembre 2009 – première audience

L'hiver était là, enfin. Pas ce drôle d'hiver californien qui s'était égaré trop à l'est, cette année. Le véritable hiver, celui des premières neiges, des anoraks en plume et des bottes fourrées. Il était arrivé brusquement, dans la nuit du 23 au 24 décembre. Le chocolat du jour, dans le calendrier d'Avent de Cyrella, était une paire de fesses bien ferme, que la fraîcheur soudaine avait figée. Des fesses de femme, à en juger par le galbe.

La veille au soir, Brad était venu prendre Juliet et son frère. La jeune fille s'était réjouie de cette invitation impromptue, un peu surprise quand même, et surtout bien décidée à ne rien précipiter. Pour elle, les choses étaient très claires : les conditions pouvaient bien être idylliques, elle ne donnerait pas sa virginité à Brad au pied du sapin. Pas encore. Pas maintenant.

Justin, lui, avait choisi d'étouffer sa rage – « Je comprends pas pourquoi je suis aussi obligé d'aller passer Noël chez ce connard ! » – sous des écouteurs qu'il ne quitterait pas de tout le séjour. « C'est quoi la combine ? Vous allez foncer voir le juge dès qu'on aura le dos tourné, c'est ça ? Vous allez divorcer en douce ? ! Si c'est ça, c'est nul, putain, tellement nul ! Tu parles d'un "Joyeux Noël" ! » Perspicaces, les enfants, si perspicaces parfois…

Le tribunal du comté d'Essex ressemblait un peu à un temple, ce qu'Amanda, peu habituée à le fréquenter, on s'en doute, perçut comme un bon présage. Le fronton néoclassique, la petite tour en forme de kiosque, les trois ouvertures sur la façade, tout respirait pour elle la grâce du Seigneur. Tout, sauf peut-être le nombre des colonnes, six au total.

Le ciel était d'un bleu parfait et, dans l'air glacé, chacun des protagonistes prit une grande bouffée, avant d'entrer dans ce théâtre où tout allait se jouer.

Ils étaient tous là, plus ou moins endimanchés, plus ou moins fébriles. Seul Mark semblait très à son aise, jetant des œillades aux greffières, saluant avec force sourires et une poignée de main très chaleureuse l'avocat de la partie civile, Wilbur Wright, un vétéran tassé et blanchi, d'apparence inoffensive, et qu'Harry avait dégotté à Amanda en toute dernière extrémité.

Gina, elle, avait obtenu du chef Edwards d'être affectée au dispositif de sécurité des audiences et, dans son uniforme bleu nuit, adossée aux boiseries centenaires de la grande salle, elle n'avait d'yeux et de souffle que pour Cyrella, emmaillotée dans une extravagante robe à volants roses et parme, dont les nombreux photographes présents se régalèrent. « Regarde-moi, fais pas ta star, regarde-moi ! » appelait la fliquette en silence, passablement agacée par l'indifférence affichée de sa maîtresse.

— Mesdames et messieurs, la Cour !

Le juge Anthony Richards ressemblait à un personnage de Tolkien, maigrichon, ratatiné, tordu comme un sarment, des yeux exorbités. Comment ce gars-là pouvait-il jouer au golf avec monsieur le maire ? Prudemment, celui-ci s'était abstenu de s'afficher en de telles circonstances, de crainte qu'on n'interprète sa présence comme un ralliement à ses adversaires politiques – Harry et Amanda – ou une caution à des individus que, quoi qu'en dise la presse people, la morale locale réprouvait – Cyrella, *Sex & Cie* et les Pellegrino.

— Eh bien, monsieur le procureur général, qu'attend-on ? s'impatienta le juge Richards.

— Euh… juste que vous ouvriez la séance, Votre Honneur.

— Hummmm, se racla-t-il bruyamment la gorge, en balayant l'espace d'un geste agacé. Mesdames, messieurs… hurla-t-il dans le micro, vrillant quelques centaines d'oreilles. Ce micro marche-t-il ?

— Parfaitement, Votre Honneur, vous pouvez poursuivre, grimaça son adjoint.

Un frisson d'hilarité parcourut l'assistance, fort nombreuse pour une veille de fête. C'est simple, la grande salle du tribunal était bourrée à craquer. Les audiences du juge Edwards constituaient l'une des rares animations gratuites de Verona. Le pauvre vieux sucrait tellement les fraises qu'il assurait toujours le spectacle, bien malgré lui.

— Mesdames, messieurs, dans l'affaire opposant… opposant… opposant…

— Mrs Amanda Dichs, Votre Honneur.

— Oui, eh bien ça va, mon ami, je sais lire ! Dans l'affaire opposant Mrs Amanda Dichs et la société *Sex & Cie*, représentée ce jour par son gérant, Mrs Marie Pellegrino, je déclare cette première audience ouverte. La parole est au procureur général, pour l'énoncé des chefs d'accusation.

Je vous épargne ces détails, plutôt ennuyeux. De toute façon, chacun savait qu'il s'agissait là d'un tour de chauffe. Rien ne se dirait ni ne se déciderait d'important aujourd'hui. Après l'exposition des faits par la partie civile, une première interruption de séance aurait lieu, et Wilbur Wright exposerait la liste des témoins dont il demanderait la présentation devant la Cour. En principe, celle-ci pouvait être immédiate. Mais, selon les réserves émises par Mark Robinson pour la défense, cette liste pouvait être revue, amendée, puis enfin validée par le président, ce qui repousserait l'audience des témoins à la prochaine séance. Évidemment, c'est ce que fit Mark et ce que chacun souhaitait, non seulement soucieux de ménager le suspense, mais aussi pressé d'aller qui enfourner sa dinde, qui acheter ses cadeaux de dernière minute, qui dresser la table ou recevoir sa famille venue de loin pour l'occasion.

Ce jour-là, l'essentiel ne se joua pas dans la salle d'audience. À la pause, Cyrella se rendit, aussi discrètement que possible, aux toilettes. Elle entra dans la toute dernière cabine, côté femmes. Allez, jouons un peu aux devinettes de saison. C'était Noël, après tout, le temps des charades et des jeux en famille. Qui la rejoint d'après vous ? Hein, qui la rejoint, brûlant de désir ?

— Nom d'un chien, Ada, mais qu'est-ce qui vous prend ? !

— Oh Cyrella… Cyrella, ne me repoussez pas, je vous en prie, fit le géant en pétrissant nerveusement la culotte qu'il-elle avait dérobée près d'un mois plus tôt.

— Écoutez Ada, j'apprécie beaucoup votre… votre intérêt, mais je ne suis pas seule !

— Comment ça ? dit Ada fouillant des yeux la cabine.

— Non, enfin… j'attends quelqu'un, voilà.

— Cyrella ? Cyrella ? souffla la voix de Gina derrière la porte.

— Vous voyez !

La suite ressembla un peu à un épisode de Benny Hill, chacun fonçant et gesticulant en tous sens.

Côté hommes – cabine du fond : Mark réussit la performance de faire tenir tout à la fois, dans cet espace ô combien réduit, la jolie greffière aux yeux verts repérée pendant l'interminable énoncé des chefs d'accusation et sa douce Trishia. Les combinaisons étaient certes limitées, mais chacun parvint à jouir en un temps record, sous l'action d'une main, d'une bouche ou d'un sexe, tout cela dans le désordre.

À la fraîcheur des fragrances intimes de sa stagiaire, que Mark avait déjà pu apprécier, se mêlèrent les notes musquées, plus puissantes, animales, de l'employée du tribunal. Toujours surprenant, même pour un amateur de la chose féminine aussi attentif que lui, comme la couleur de la peau et des cheveux n'annonçait pas la saveur d'une chatte. Il avait connu des blondes au parfum de chèvre et des brunes fleuries comme des brassées de printemps.

Côté femmes – cabine du devant : « Et si on arrêtait cette guerre stupide, chérie… Hein ça rime à quoi ? » John avait poussé les deux autres portes avant de retrouver sa femme. Ils évitèrent presque de se regarder et, surtout, ils ne dirent pas un mot de plus. Les corps savent parfois mieux que nous. Sa poitrine lui avait manqué, incroyablement haute et ferme pour son âge. Il agrippa ses lèvres au premier des deux mamelons qui voulut bien jaillir de son soutien-gorge. Il retenait ses dents, il avait envie de la croquer, se contenta de la sucer comme ces gourdes souples qu'on cherche à vider totalement.

La première elle posa la main sur son sexe. À travers le jean noir elle reconnut la taille, la forme et surtout l'orientation. Car chaque homme bande d'une manière qui lui est propre. Hum, oui, ce membre qui espérait son sexe à elle, cette hampe large et sinueuse qui penche vers la gauche, ce gland si régulier, c'était bien son homme. Elle sentit la première goutte de rosée perler à l'entrée de son sexe. Tout s'enchaîna vite, alors, attaches dévastées, glissières dévalées, des gestes précis, encouragés par des soupirs de bêtes.

Perchée sur lui, le dos calé contre la cloison qui battait au rythme de ses coups de reins, elle jouit comme elle n'avait pas joui depuis longtemps. Si longtemps.

Côté hommes – cabine du milieu : chassé(e) des toilettes des femmes, humilié(e), Ada se réfugia côté hommes, où elle se rua sur la première queue venue, en l'occurrence celle d'un Francky Petrilli qui n'eut pas le temps de se demander ce qui lui arrivait. Se faire sucer par surprise, soit, quel homme n'en rêvait pas ? Mais par un(e) ogre(sse) à perruque, là vous admettrez qu'il y a de quoi avoir le gland récalcitrant.

Côté femmes – cabine du fond : Ada évincé(e), les deux amantes se retrouvèrent, électriques. Gina l'excitait tellement dans son uniforme. Cyrella était si belle dans sa robe de princesse. Elle exigea de sa maîtresse qu'elle lui introduise une bonne moitié de sa matraque accrochée à la ceinture. « Je suis une si vilaine fille, monsieur l'agent... Punissez-moi encore un peu ! Allez, encore un peu ! »

Désormais bien au fait des attentes de Cyrella en la matière, elle fit tournoyer le bâton comme si elle régulait la circulation, lui appliquant en outre par moments un petit mouvement giratoire qui achevait de « tabasser » le vagin de sa partenaire comme celle-ci l'espérait.

Harry tenta bien de convaincre Amanda d'en faire autant. Mais la pauvre était si tendue, qu'elle le gifla à moitié avant de se réfugier sous l'aile de Wilbur Wright, à moitié cachée par son pupitre.

John et Marie sortirent les premiers. Ils rajustèrent leurs vêtements en silence, se regardèrent un moment.

— Ça ne change rien, tu sais...
— Je sais, je sais, répondit-il, penaud.
— C'est trop tôt.

Alors seulement ils entendirent les cris de jouissance qui s'élevaient des autres boxes.

Villa des Pellegrino – plus tard dans la soirée – veillée de Noël

Ce soir là, John était seul dans leur maison.

Il s'enferma dans son bureau dès le début de la soirée, un repas de fête surgelé rapidement disposé sur un plateau. Accompagné d'un verre de vin blanc italien, légèrement pétillant. Les trois nouveaux modèles qu'il s'était offerts gisaient déjà sur le sol, rapidement déballés. Accompagnés d'une petite dizaine d'autres, exceptionnellement sortis de leur vitrine.

Il y a avait là Marie, bien sûr. Marie, surtout. Mais aussi Juliet, Justin, Ada, Mark, Amanda Dichs, Harry Grafenberg, Cyrella et même sa nouvelle conquête, la délicieuse Gina, dans son uniforme de la police. Et puis lui, John.

Était-il possible que tous obtiennent ce qu'ils voulaient ? En ce soir de Noël, y aurait-il de beaux cadeaux pour tous ? Personne ne serait-il oublié, lésé ou tout simplement déçu ? Ou, dans le monde des poupées comme dans celui des humains, le bonheur des uns se faisait-il forcément aux dépends des autres ?

Ce soir là, pourtant, tous avaient des raisons de sourire. Tous avaient au moins des raisons d'espérer. Des raisons d'y croire.

Cyrella avait trouvé le plaisir. Et Gina l'amour. Ada entrevoyait qui il-elle voulait vraiment devenir. Amanda ne voyait plus ce qui pourrait l'arrêter et Harry quelle femme il ne pourrait conquérir. Mark était sûr de gagner, Marie de ne pas tout perdre, Juliet de ne rien précipiter et Justin d'accélérer les choses.

Oui ce soir-là, chacun s'endormit avec un sentiment vif de soulagement. C'était Noël, après tout ! Le temps des jeux en famille… et des vœux intimes.

Tous avaient de bonnes de raisons de se croire bientôt exaucés.

Tous, sauf John.

Chapitre 11

Palais de justice du comté d'Orange – le 28 décembre 2009 – deuxième audience

Pour cette seconde comparution devant le juge Richards, Cyrella avait abandonné ses éternelles teintes fuchsia pour un blanc immaculé. Du string au manteau, tout était blanc. Et, sous sa fine couche de neige, tombée quelques jours plus tôt et maintenue par les températures polaires qui sévissaient désormais dans la région, le palais de justice ressemblait plus à une église. Et Cyrella à une promise.

Bien qu'elle ne fût pas appelée à témoigner ce jour, Mark lui témoigna dès son arrivée toute l'attention que ce statut méritait, sous l'œil agacé d'une Gina cantonnée dans son rôle de garde-chiourme. Même quand elle n'était pas le centre d'intérêt, la star c'était bien elle, qu'on se le dise. Gina eut tout de même un petit pincement, là, quand elle la découvrit en mariée, traversant le hall avec majesté, sans un regard pour les journalistes qui se pressaient derrière elle, comme une traîne mouvante et hurlante.

Chassés par le froid, tous se précipitèrent à l'intérieur et, dans un silence religieux, la séance commença avec quelques minutes d'avance sur l'horaire officiel, écornant au passage quelques aspects du protocole, tels que l'annonce à haute voix de la Cour. Le bouche à oreille aidant, la salle était plus bondée encore que lors de la première audience, et bruissa de rires contenus quand les robes des magistrats apparurent à la tribune. C'est le juge Richards, plus parcheminé encore – sans doute les excès de table des derniers jours – qui prit le premier la parole.

— Monsieur le procureur… Nous allons donc appeler… euh, qui ça déjà ?
— Les témoins de la partie civile, Votre Honneur.
— Ah voilà, c'est ça… Maître Richardson, avez-vous validé la liste des témoins présentés par la partie civile ?
— Robinson, Votre Honneur, je suis Maître Robinson… Et « oui », nous avons validé la liste des témoins.

Comme il l'avait escompté, le vieux juge avait déjà tout oublié – ou presque – de leur récente conversation téléphonique.

— Bien, bien, c'est ce que j'appelle un bon début.
— Votre Honneur, si je peux me permettre, intervint Wilbur Wright, je tiens à rappeler à la Cour que le principal témoin de cette affaire, impliqué dans les faits qui nous ont été relatés lors de la première audience, a signifié qu'elle ne souhaitait plus témoigner devant vous.
— Ah oui, oui, je me souviens, c'est très ennuyeux… on ne peut pas contraindre cette jeune personne à se présenter ?
— Elle est introuvable, Votre Honneur.

Mark eut ce sourire que les Pellegrino connaissaient bien et qui semblait dire que Samantha n'était pas introuvable pour tout le monde. Mais, l'instant d'après, il avait recouvré une expression parfaitement impassible, qui ne trahissait rien de plus que l'envie d'en découdre.

— Ahummmmmmm, fit le juge en raclant sa gorge dans un grondement effroyable. Alors qui appelons-nous à la barre, monsieur le procureur général ?

— Mrs Marie Pellegrino, née Delacroix, gérante de la société *Sex & Cie*.

Fendant une onde de chuchotements, Marie traversa la vaste salle d'audience, jusqu'à la barre. Une fois son serment rapidement énoncé, elle évita le regard de John qui cherchait à l'accrocher, et fixa le plus sereinement possible son intervieweur.

Sur son bras, la morsure que lui avait infligée Samantha lors de la soirée au *Romeo's* ne se voyait pratiquement plus. Mais elle la sentait encore.

— Mrs Pellegrino, depuis quand êtes-vous la gérante de la société *Sex & Cie* ?

— Un peu plus de deux ans.

— Pouvez-vous nous dire dans quel climat se sont passées votre installation à Verona et l'ouverture de votre « Académie » ?

— Un climat… tendu, je dirais.

— Avez-vous fait l'objet de menaces ? D'actions violentes ?

— Non… non, je dirais plutôt des intimidations, dit-elle calmement en jetant un coup d'œil à Amanda, qui se faisait petite derrière son avocat pourtant peu épais.

— Si je vous comprends bien, la communauté de Verona vous a clairement signifié que l'installation de votre activité d'un genre « particulier » ne lui plaisait pas ?

— Objection, Votre Honneur ! intervint Mark. Maître Wright fait un amalgame entre une minorité d'opposants et l'ensemble de notre communauté.

— Objection refusée, Maître Richardson, répondit le juge Richards en bâillant plus ou moins. Poursuivez, Maître Wright.

— Je reformule ma question, Mrs Pellegrino : diriez-vous que vous avez ouvert *Sex & Cie* alors que vous saviez que vous n'étiez pas totalement la bienvenue à Verona ?

— On peut dire ça comme ça, oui, si vous voulez...

Depuis sa puberté et l'apparition des tout premiers poils sur son pubis, Wilbur Wright était doté d'une étrange faculté. Une faculté dont il pensa longtemps qu'elle était le fruit hybride et un peu monstrueux de ses hormones et de son imagination, mais dont il finit par admettre qu'elle faisait simplement partie de lui-même, comme certains parlent avec les mots ou lisent dans le marc de café : au premier coup d'œil, il était capable de « lire » la sexualité de la personne qu'il avait en face de lui, ses forces et ses faiblesses, ses succès et ses échecs, le tout synthétisé dans une vision très nette d'un rapport emblématique, le premier, le dernier, ou le plus intense, selon les individus.

Une faculté qui avait bien failli le rendre dingue, alors qu'il n'était qu'un jeune étudiant en droit, puceau et maladroit comme pas permis avec des filles qui pourtant ne demandaient que ça, mais qui depuis lors lui avait rendu quelques services dans une poignée d'affaires et qui, s'il avait été lui-même un amant plus fougueux, aurait pu élargir considérablement le champ de ses conquêtes. Pour des raisons difficiles à expliquer, y compris à lui-même, il garda toujours un silence pudique sur ce pouvoir extraordinaire, et le contint dans un jardin parfaitement secret.

Avec les années, il avait appris à ne plus se laisser déstabiliser par l'intrusion inopinée de ces images. S'agissant de Marie, il la vit un peu plus jeune qu'elle n'était, là, devant lui, agenouillée devant un sexe d'homme. Doux Jésus, un sexe « accidenté », couturé de toutes parts, quelque chose comme le sexe de la créature de Frankenstein. Elle se penche sur lui et le prend dans sa paume comme s'il s'agissait d'un oiseau blessé.

Lorsqu'elle l'engouffre dans sa bouche c'est comme une patate chaude, à ce détail près que c'est la cavité elle-même qui semble de nature à brûler et blesser ce pauvre sexe rafistolé.

Wilbur ne voit pas l'homme, juste son sexe auquel Marie imprime un va-et-vient très doux, très lent. Il grossit peu à peu dans sa bouche. C'est un beau sexe, je veux dire d'une belle taille, mais la tension est telle que, à chaque fois qu'il ressort, Wilbur a l'impression qu'il va exploser, que les points de suture vont lâcher, comme un préservatif de chair, bourré de désir, de sang et d'excitation. L'homme est pris alors de contractions, ses bourses se replient dans le scrotum, fragiles, suspendues à son plaisir. Et, fait étrange, lorsque les lèvres charnues de Marie Pellegrino s'entrouvrent, c'est à peine si un filet de salive et de liquide séminal en sort. Le plus beau souvenir de fellation de cette femme serait-il celui d'un homme qui jouit à sec ?

— Mrs Pellegrino, reprit un Maître Wright, légèrement ébranlé, pouvez-vous nous rappeler quelle est la règle en vigueur à *Sex & Cie* concernant les rapports – les rapports sexuels, s'entend – entre les élèves et vos « professeurs » ?

— C'est très simple, ils sont interdits.

— Bien. Et pouvez-vous affirmer devant cette cour que ce genre de dérapages n'arrive jamais... et n'est jamais arrivé par le passé ?

— Non, en toute honnêteté, je ne peux pas dire ça.

Les « spectateurs » retinrent leur souffle. Quand une salle d'audience était aussi bondée qu'elle l'était ce jour-là, le moindre effet de voix ou de manche transformait la séance en grand guignol.

— Vous savez, nous sommes une école où l'on « apprend » la sexualité, poursuivit Marie sous les regards d'encouragement de Mark, qui caressaient son échine et descendaient en doux frissons jusqu'à ses reins. Interdire aux élèves d'avoir des rapports avec les profs, c'est une règle de bonne conduite que nous nous sommes fixée. Pour éviter les débordements, si vous me permettez l'expression… Mais j'ai bien conscience que c'est comme demander à un professeur de littérature de ne pas parler de ses lectures avec ses étudiants à la fin des cours. C'est un peu absurde.

Un gloussement léger et entendu parcourut l'assistance. John eut un sourire attendri. Qu'elle était forte, sa femme ! Qu'elle était fière, belle, sûre d'elle et de leur mission !

— Soit, Mrs Pellegrino, soit. Dans ce cas, pouvez-vous affirmer devant cette cour qu'aucun de ces rapports extraconjugaux consentis dans le cadre de votre établissement, que ce soit entre élèves, entre professeurs, ou entre professeurs ET élèves, n'a jamais fait l'objet de la moindre transaction pécuniaire ?

Pour appuyer sa question, Wilbur Wright balaya le public d'un regard circulaire et étonnamment altier, pour un si petit bonhomme. Selon où ces yeux se posaient, il vit une femme livrée à plusieurs hommes, un homme qui refoulait son homosexualité depuis des lustres, une mamie qui s'éclatait sur le tard grâce aux propriétés détonantes d'un vibromasseur à plusieurs vitesses… et j'en passe.

— Oui, je peux l'affirmer, répondit une Marie droite dans ses bottes, de ravissantes bottes en cuir noir soit dit en passant, qu'elle avait cirées avec soin, pour se détendre.
— À votre connaissance, jamais ?
— Jamais à ma connaissance, non.

— Pourtant, ce n'est pas ce que prétend Miss Samantha Baker, l'une de vos anciennes intervenantes, qui…

— Objection, Votre Honneur ! tonna Mark, bondissant de sa chaise. Je me permets de rappeler à la cour que Miss Baker ne figure pas parmi les plaignantes, pas plus que sur la liste des témoins.

— Objection retenue, concéda Richards la mort dans l'âme.

— Mrs Pellegrino, continua Wilbur Wright sans se démonter, quels moyens avez-vous à votre disposition pour contrôler ce qui se passe effectivement dans votre établissement ? Comment pouvez-vous être à 100 % certaine qu'aucun rapport « tarifé » n'y a jamais vu le jour ?

— Nous avons un système de surveillance vidéo. Tous les espaces où les élèves ont accès sont filmés 24 heures sur 24.

— Parfait, et j'imagine que vos employés se relaient également 24 heures sur 24 derrière les écrans de contrôle, n'est-ce pas ?

— Euh… Non, admit Marie en abaissant brusquement le regard sur le vernis de ses bottes.

— Si je vous comprends bien, Mrs Pellegrino, si de tels actes délictueux avaient été commis dans votre établissement, ou plus graves encore comme cela a pu être évoqué par le témoin qui nous fait défaut aujourd'hui, vous n'auriez pas été en mesure d'en avoir connaissance dans un délai raisonnable, ni d'y mettre un terme ?

— Non, non, avoua-t-elle dans un souffle à peine audible.

— Je n'ai pas d'autres questions, éluda intelligemment l'avocat. Je laisse le témoin à la défense.

Malgré le trouble jeté par la dernière confession de Marie, Mark s'avança vers la barre avec toute l'assurance qu'on lui connaissait. Pourquoi ne s'était-il jamais rien passé entre Marie et lui ? Pourquoi n'avait-il jamais craqué ? Elle était pourtant autrement plus attirante que la plupart des petites gourdes qu'il épuisait sur son bureau – Trishia exceptée, et encore. Qu'est-ce qui l'avait donc toujours retenu ? Qu'est-ce qui clochait chez elle ?

— Avant de poser ma première question à Mrs Pellegrino, je tiens à souligner pour la cour le paradoxe effleuré par mon cher confrère : d'un côté l'accusation prétend que mes clients n'ignoraient rien des actes commis dans leur établissement, ce qui en ferait les complices de leurs auteurs... et de l'autre elle leur reproche de ne pas en avoir suivi le détail en temps réel ! On nage en pleine contradiction ! Je le demande : pour ne pas déplaire à ceux qui les poursuivent aujourd'hui, fallait-il que mes clients en sussent trop... ou pas assez ? demanda-t-il dans un imparfait du subjonctif audacieux, évidemment choisi à dessein, et qui acheva de gagner l'auditoire à leur cause et à celle de l'hilarité.

— Ahummmmmmm, s'époumona une nouvelle fois le juge Richards. Nous n'en sommes pas aux plaidoiries, Maître, je vous prie de bien vouloir procéder.

— Mrs Pellegrino, se tourna-t-il vers Marie, aussi professionnel qu'il savait l'être. Mrs Pellegrino, vous avez déposé auprès de ce tribunal une copie des fichiers vidéo de surveillance de *Sex & Cie*. Je précise pour la Cour que ces fichiers couvrent l'intégralité des caméras installées dans l'établissement sur les deux années écoulées. Mrs Pellegrino, je vais vous demander d'en regarder un extrait et de bien vouloir répondre à mes questions après cela. Nous sommes d'accord ?

Mark fit un signe à un appariteur qui disposa prestement un écran plat et un lecteur de DVD face à la barre. Deux câbles rapidement connectés et le public pourrait voir les mêmes images sur deux écrans disposés au fond de la salle.

Après quelques secondes de noir, on découvrit cette séquence que Marie connaissait déjà – la cabine câlin de Samantha qui facturait au prix fort ses services auprès d'un petit gros à lunettes – et qu'elle s'efforça de suivre avec toute la sidération requise. Un quasi-chahut gronda bientôt et le juge Richards le dissipa à grands coups de marteau.

— Mrs Pellegrino, reconnaissez-vous cette jeune femme ?

— C'est... c'est Samantha Baker.

— Pouvez-vous nous rappeler sa fonction au sein de *Sex & Cie* ?

— Elle était modèle, elle participait aux ateliers en tant que mannequin vivant. Mais elle ne travaille plus pour nous depuis plus d'un an.

— Par mannequin vivant, vous entendez qu'elle pouvait avoir des rapports avec les stagiaires ?

— Non, non, uniquement avec d'autres modèles, à titre d'exemple, de démonstration.

— Pouvez-vous nous dire si le rapport tarifé que l'on voit Miss Baker pratiquer sur ses images s'inscrivait dans un jeu, une comédie, ou peut-être une sorte de simulation, qui aurait fait partie intégrante de l'enseignement de *Sex & Cie* ?

— Non, non ce n'est pas le cas, nous n'avons jamais présenté la prostitution comme un jeu, s'indigna presque Marie, avec une évidente sincérité.

— Pouvez-vous nous dire si l'homme que nous voyons sur ces images faisait lui aussi partie de votre équipe de « modèles », ou de l'équipe pédagogique de *Sex & Cie* ?

— Non, c'était un élève. Il s'était inscrit avec son épouse.

Sur les bancs en bois, de moins en moins confortables au fil de la séance, on ne se tortillait pas que pour dissiper l'engourdissement, mais aussi un peu la gêne. Quelle drôle « d'école », vraiment, que ce *Sex & Cie* ! Quel drôle d'établissement où « monsieur et madame » venaient apprendre l'art d'aimer et au final s'envoyaient en l'air avec le premier ou la première venue.

Assis(e) au fond de la salle, Ada n'en perdait pas une miette. Qu'on s'offusquât pour si peu, que l'on vienne ici se griser d'images et se scandaliser dans le même temps, cela le-la faisait doucement rigoler. On n'était pas près d'en finir avec l'hypocrisie des masses en matière de sexualité, dans ce pays de la liberté et des implants mammaires.

— Mrs Pellegrino, quand Samantha Baker enjoint à son « client » de se taire, vous inclut-elle à votre avis dans le lot des personnes à qui il faut cacher ce rapport tarifé ?

— De toute évidence, oui.

— En d'autres termes, étiez-vous, oui ou non, au courant des pratiques illicites de Miss Baker au sein de votre établissement ?

— Non.

— Avez-vous jamais touché de l'argent de la part de Miss Baker ?

— Non.

— Des gratifications en nature, des surprises, des cadeaux ?

— Non ! ! en vint-elle presque à crier.

— Merci, Mrs Pellegrino, ce sera tout pour moi, Votre Honneur, conclut sobrement Mark, pas mécontent de la manière dont se présentaient les choses.

Le second témoin appelé à la barre était Amanda. L'incontournable, l'inflexible, la terrible Amanda Dichs. Elle avait fait des efforts de toilette pour ne pas incarner, aux yeux du public et des juges, une morale trop stricte. Son pull chaussette chocolat, un modèle pourtant on ne peut plus simple et couvrant, moulait sa poitrine d'une manière qui attira plus d'un regard. Dont celui d'Harry, installé au milieu d'une travée, encadré de Bob, Francky et Louisa, bloc-notes en main, tous trois réquisitionnés pour l'occasion.

Wilbur Wright ayant prudemment passé son tour, c'est l'avocat de la défense qui mit le premier sur le gril la fille de l'Enfant Sauveur.

— Mrs Dichs, puis-je vous demander tout simplement ce qui a motivé votre plainte ? s'enquit Mark Robinson avec décontraction, une main dans la poche, l'autre sur la barre, à moins d'un mètre du témoin.

— Oh c'est très simple, le hasard m'a mise en possession de certaines informations sur ce qui se passait réellement dans cette « Académie ».

— Le hasard, vraiment ?

— Oui, le hasard des rencontres.

— Et ?

— Eh bien j'ai pensé être de mon devoir de citoyenne, et de chrétienne, que d'en informer les autorités.

— C'est tout à votre honneur, Mrs Dichs. C'est tout à votre honneur. Pouvez-vous nous dire ce que vous pensez de l'enseignement dispensé par *Sex & Cie* ?

— Je… Disons que je ne l'approuve pas.

— Vous ne l'approuvez pas, Mrs Dichs ?! Doux euphémisme !

— Objection, objecta donc Wilbur Wright.

— Accordée.

— En l'espace de deux ans, depuis que *Sex & Cie* s'est installé à Verona, c'est peu de dire que vous avez milité contre cette société : articles de presse, manifestations, réunions, etc.

— C'est exact. Mais je ne vois pas en quoi cela constitue un délit ? se rebiffa crânement Amanda.

— Ce n'en est pas un, Mrs Dichs, vous avez raison, et je vois avec plaisir que vous connaissez bien le premier amendement de notre Constitution[1]. Mais avouez que là... cela vire un peu à l'acharnement, non ?

— Objection !

— Accordée.

— Mrs Dichs, vous avez porté contre mes clients des accusations très graves, de complicité de viol, notamment. Puis-je vous demander sur quels éléments vous fondez de telles allégations ?

— Le témoignage d'une jeune femme.

— Miss Baker ?

— Oui.

— Elle vous en a fait la confidence ?

— Oui.

— Miss Baker s'étant soustraite à la justice, ce que je regrette vivement, cela va sans dire, comment pouvez-vous nous éclairer sur les circonstances de cette supposée agression sexuelle sur la personne de Miss Baker ?

— Je..., hésita Amanda.

— Étiez-vous présente au moment des faits, Mrs Dichs ?

— Non, non...

— Si ce n'est dans la pièce en question, tout au moins dans l'établissement j'imagine ? insinua-t-il avec perfidie.

— Non...

— Merci, Mrs Dichs, ce sera tout. J'ajouterai juste pour la Cour et le jury qu'une expertise complète des fichiers vidéo est en cours... le processus est un peu long et fastidieux, mais mes clients et moi-même sommes certains qu'aucune scène de viol n'y figure.

Wilbur Wright se levait déjà, se résignant finalement à tirer de cette pauvre femme quelques miettes qui

1. Le premier amendement de la Constitution des États-Unis stipule que « le Congrès ne fera aucune loi qui touche l'établissement ou interdise le libre exercice d'une religion, ni qui restreigne la liberté de parole ou de la presse [...] ».

pourraient servir leur cause. D'elle aussi, il déshabilla le passé d'un seul coup d'œil. Lorsqu'il reconnut Harry Grafenberg dans le tableau vivant qui lui était proposé, il ne fut pas vraiment surpris. Ces deux-là avaient tout pour se plaire, c'était évident.

Harry la prenait en levrette. Pas une levrette coulée, chaloupée, non, un va-et-vient brutal, une levrette de bûcheron, de ramoneur, de poissonnier qui vide et qui écaille à même l'étal, pistonnant sa croupe comme un damné, ahanant à n'en plus pouvoir, s'agrippant à sa taille comme si le vide l'attendait derrière ce cul, comme si une sortie un rien trop marquée de son engin allait le désarrimer et l'y précipiter à jamais. Ce n'est que dans ses profondeurs à elle, en y balançant son ancre à grands coups de reins, qu'il trouverait son salut.

Ce jour-là, Amanda l'avait trouvé gonflé comme jamais, brûlant comme il ne l'avait jamais été, décidé à faire d'elle sa chose, ce qu'elle réprouvait autant qu'elle l'appelait de ses vœux, effaçant son postérieur ou le propulsant à l'assaut de son gland, selon l'instant et la tendance. Elle n'avait pas joui, non, ce n'était pas le terme, elle avait implosé. Son vagin lui donnait la sensation de se vriller, de tourner à toute vitesse comme l'anneau d'un accélérateur de particules, propulsant tout autour de lui, jusque dans la moindre parcelle de son corps, une énergie nouvelle et insoupçonnée. Vraiment, si Amanda Dichs avait été tout à fait honnête avec elle-même ce jour-là, elle se serait avoué qu'elle aussi touchait dans le sexe à quelque chose de spirituel. Il n'aurait pas fallu qu'elle débatte à cet instant précis car, face à ses contradicteurs, elle aurait sans doute baissé les armes autant que la culotte, et admis avec eux qu'il y avait quelque chose de divin dans toute cette jouissance.

Alors, elle bondit littéralement de sa chaise.

— C'est moi ! hurla-t-elle. C'est moi qu'on a violée ! C'est moi !

Plusieurs tabourets valsèrent sur le sol avec fracas. Pas une voix ne s'éleva pour l'interroger ou lui opposer une légitime contradiction. C'était un chaos calme. On n'était plus dans la fusion mais dans la compression du temps, de la parole et du jugement. C'est à peine si, dans le mouvement de panique qui suivit, dans la mêlée qui l'emporta vers la sortie – il fallait de toute évidence calmer les nerfs de cette femme, décréta Anthony Richards – on vit une jeune femme blonde entrer sans bruit par la porte du fond.

Samantha Baker.

Aussi blonde que possible. Aussi inattendue qu'espérée. Désespérante.

Et elle s'éclipsa comme elle était apparue.

Palais de justice du comté d'Orange – le 29 décembre 2009 – troisième audience

Vu la tournure qu'avaient prise les choses la veille, on avait sagement ajourné les audiences et repoussé le programme du jour au lendemain. Ce qu'Amanda Dichs n'avait pas prévu, dans l'urgence, emportée par son coup d'éclat, c'est que d'un jour en « 8 », synonyme de chance et d'accomplissement, nous allions passer, et la cour et le jury avec, à un jour en « 9 », le 9 de la fin, de la mort et de la désolation. Et le plus désolant, c'est que c'est elle-même qui avait précipité son destin dans cet abîme numérologique.

Véritable baromètre, la tenue de Cyrella s'était encore allégée. Au blanc du jour précédent, cette fois-ci une longue cape à capuche, elle avait ajouté – ou plutôt soustrait – la transparence d'un bustier et d'une sorte de pantalon corsaire taillés dans une gaze à peine plus opaque qu'un rideau de pluie. Voilà, au moins les choses étaient clairement annoncées : c'est aujourd'hui que l'on saurait tout, absolument tout.

— Mrs Dichs ? Je vous le demande avec toute la solennité qu'imposent ce lieu et ma fonction : êtes-vous disposée à témoigner cette fois dans la sérénité ?

— Je le suis, Votre Honneur, répondit-elle posément.

— Mrs Dichs, embraya Mark Robinson sans attendre le signal du juge Richards, pouvez-vous préciser ce que vous avez voulu nous dire hier. Si nous vous avons bien comprise, vous prétendez que vous avez été vous-même victime d'un « viol », à *Sex & Cie* ?

— Écoutez, je n'ai pas votre compétence juridique, Maître, et encore moins l'habitude de ce genre d'affaires...

On s'en doutait et un soupir d'aise, entre le soulagement de voir les débats reprendre dans le calme et un amusement léger, s'échappa de la salle.

— ... Mais si on peut considérer qu'user d'une partie de votre corps contre votre volonté et à des fins sexuelles est un viol... alors oui, on peut dire que j'ai été violée.

Apparemment, Wilbur Wright était passé par là entretemps. Il avait dû sévèrement recadrer sa cliente. La formulation était trop précise pour être sortie comme ça d'une bouche néophyte.

— Puis-je vous demander qui d'autre que vous était impliqué dans cet acte sexuel ?

— En tant que victime ?

— Non, Mrs Dichs, je parle de votre agresseur. Il y avait une autre victime ?

— Non, nous n'étions que toutes les deux.

Cette fois, l'usage du féminin n'avait échappé à personne.

— Je réitère ma question, Mrs Dichs : connaissez-vous votre agresseur ?
— Oui. C'est… C'est Cyrella Walker.

La milliardaire poussa un cri inhumain, entre le rire et le râle d'un fauve à l'agonie, et on faillit bien connaître le même pataquès invraisemblable que la veille, évacuation en urgence et tutti quanti.

— C'est n'importe quoi ! beugla John. Elle n'a jamais mis les pieds à l'Académie !

Après une jolie série de martèlements et quelques remous dus à l'entrée de renforts de police dans la salle d'audience, on put reprendre le fil des débats.

— Mrs Dichs, quand prétendez-vous avoir fréquenté l'Académie *Sex & Cie* ?
— Le jour où Miss Walker…
— Le jour… ?
— Le jour où elle…
— Vous voulez dire le jour de sa « révélation » ?
— C'est ça.
— Des conneries ! fulmina John, presque audible depuis son banc, malgré ses efforts pour ne pas se faire entendre.
— Que faisiez-vous là ?
— Je voulais me faire ma propre idée sur cette « Académie ».
— Et vous êtes entrée comme ça ? On ne s'est pas étonné que, farouche opposante que vous êtes, vous ayez soudain envie de vous la jouer « journée portes ouvertes » ?
— Non, je… J'ai pris une fausse identité… J'ai mis une perruque. Et des lunettes.

— Vous vous êtes donc introduite à l'insu de Mr et Mrs Pellegrino.

— Oui.

— En quelque sorte, on peut dire que vous avez voulu les « espionner ».

— ..., souffla-t-elle sans répondre.

— Mrs Dichs ?

— Ce n'est pas le problème, cingla-t-elle, excédée. Je ne supportais pas ce que je voyais là-bas.

— Et alors ? la poussa Mark en s'approchant au plus près du témoin, si près qu'elle sentait sans doute son souffle chaud, et son eau de toilette puissante, musquée.

— Alors je me suis enfermée dans une pièce, je voulais reprendre mes esprits.

— Et ensuite ?

— Miss Walker m'a rejointe.

— Seule ?

— Oui, seule.

— Et quoi d'autre ?

— Elle m'a forcée... pleurnicha-t-elle presque.

— Forcée ? Forcée à quoi, Mrs Dichs ? Vous êtes une adulte. Vous êtes de bonne constitution. Vous êtes qui plus est une femme. À quoi Miss Walker peut bien vous avoir forcée ?

— À lui mettre un doigt.

— Un doigt ? Un doigt où ça ?

— Dans le vagin.

— C'est faux ! s'écrièrent alors deux voix de femme exactement au même moment.

C'était mieux qu'au théâtre ou au cinéma. Plus rapide mais aussi plus confus. Pour être franche, le public n'y comprenait plus rien. Qui avait crié ? Qui étaient ces femmes ? Et pourquoi deux femmes ? Le juge Richards, passablement dépassé, se contentait de chercher « où se trouve la balle », comme au golf ou au tennis.

Le pire, c'est qu'en scannant sa cliente de son étrange pouvoir, Wilbur Wright sut instantanément qu'elle mentait. Il le voyait, ou plutôt il ne le voyait pas. Jamais cette femme n'avait introduit le moindre doigt dans le moindre sexe. S'il avait fait semblant d'y croire, la veille au soir, quand il avait mis au point avec elle leur nouvelle stratégie, il devait se rendre désormais à la plus nue des évidences. Il n'y avait pas plus hétéro, et pour tout dire moins lesbienne – fût-ce par accident, fût-ce même sous la contrainte – qu'Amanda Dichs.

— C'est faux ! reprit la voix de Cyrella, par-dessus le brouhaha. Celle qui m'a « révélée » a introduit bien plus qu'un doigt !

— Mrs Dichs ? se tourna promptement Mark vers Amanda.

— Oui, peut-être deux, peu importe. Un doigt, deux doigts...

— C'était bien deux doigts ! Mes doigts ! glapit la seconde voix de femme, dont on identifia enfin la propriétaire.

Sur le banc d'Harry Grafenberg, tremblante, Louisa avait fini par sortir de l'ombre. Depuis des semaines elle n'en dormait plus, elle n'en mangeait plus, elle en était complètement malade. Elle se dressa enfin, sous les yeux médusés des spectateurs qui, décidément, avaient bien fait de laisser leur télé et les rediffusions de saison – *La vie est belle* de Capra ou les *Quatre filles du Dr March* – pour venir se régaler du drame qu'on leur donnait ces jours-ci au tribunal.

Je vous la fais longue ou je vous la fais courte, et on passe directement au dessert ? À la bûche glacée, ses marrons et ses petits nains libidineux sur le dessus ? Dans l'ordre, on confondit Amanda et Cyrella tomba dans les bras de Louisa qui, taches de vieillesse sur les mains à l'appui, prouva à la star qu'elle était celle qui l'avait dépucelée pour de bon. Gina ne cacha pas sa colère et il fallut l'intervention de plusieurs de ses collègues pour éviter qu'elle ne scalpe la pauvre journaliste terrorisée. La tempête retombée, Cyrella lui adressa des vœux publics et les deux femmes, offrant à la presse people l'une des plus belles couvertures de l'année – et cette fois sans l'aide d'Amelia Vasquez et du réseau Paparazettes – s'embrassèrent longuement, sous les hululements outrés du juge Richards. Il faut dire que, dans la bataille, la cape blanche était tombée, et que la star s'exhibait maintenant à demi nue, sous l'œil du public, des caméras et de la loi.

Harry renonça à son ultime tentative pour sauver sa maîtresse de l'opprobre et d'une condamnation – avec sursis, eu égard à ses services si nombreux rendus à la communauté – pour parjure, faux témoignage, usurpation d'identité et intrusion dans un local privé. Mark, qui était au fond plus prévoyant que méchant, se réjouit de ne pas avoir à produire les photos très privées fournies par Francky Petrilli et qui, aux yeux de la cour, auraient suffi à discréditer un témoignage un peu trop favorable du rédac' chef du *Verona News*.

Le dessert, comme c'est si souvent le cas dans les réveillons familiaux, se présenta alors que tous avaient la tête ailleurs. Tournée vers un mari à qui on pardonnera bientôt ; vers un amant qui nous a lâchés au pire moment, ou encore vers un amour qu'on n'attendait ni ici ni maintenant. Le dessert, ce fut Samantha qui, sans qu'on le lui demande ou l'y autorise, monta de son propre chef à la barre. Quelques formalités rapidement expédiées, on obtint de Richards qu'elle puisse témoigner. Enfin…

— Miss Baker, reconnaissez-vous avoir vendu vos charmes au sein de l'Académie *Sex & Cie* ? demanda le procureur général, qui se substitua pour l'occasion au juge Richards, déjà à moitié assoupi dans son fauteuil présidentiel.

— Oui.

— Les gérants de cette Académie, les époux Pellegrino, ici présents, avaient-ils connaissance de ces agissements ?

— Non.

— Miss Baker, pouvez-vous affirmer devant tous et devant la loi que vous avez été victime d'un viol dans le cadre de cette Académie ?

— Non.

— Vous avez donc menti ?

— J'ai menti...

— À qui avez-vous confié pour la première fois ce mensonge ?

— À Amanda Dichs...

— Dans quel but ?

— Je...

— Miss Baker, nous vous écoutons. Dans quel but avez-vous fait croire à Mrs Dichs que vous aviez été violée à *Sex & Cie* ?

— Elle avait l'air tellement remontée contre eux... Vous savez, je lui ai juste dit ce qu'elle avait envie d'entendre.

— C'est elle qui est venue me chercher ! Je n'ai rien demandé du tout ! s'exclama Amanda depuis le box où un policer l'avait conduite. C'est elle !

— Miss Baker ? Est-ce exact ?

— Oui... oui.

— Alors je réitère ma question ? Pourquoi avoir fait croire que vous aviez été violée ? Pour quelle raison cherchiez-vous à nuire à *Sex & Cie*, à nuire aux Pellegrino ?

— Je l'aimais, susurra-t-elle en embrassant John du regard, sans avoir besoin de préciser qui cela désignait.

Et Mark, Mark seul, capta dans cet échange ce même petit quelque chose, cette même poussière de non-dit et de secret qu'il avait vue flotter dans l'air entre John et Marie quelques jours auparavant. Par respect pour ces derniers, il n'intervint pas. On appelle ça de l'amitié, après tout, il faut croire...

— Je l'aime encore, ajouta Samantha.

Chapitre 12

La thèse du dépit – puis de la vengeance – validée par la justice, les Pellegrino lavés de toutes les accusations qui avaient pesé un temps sur eux, chacun était reparti à ses restes de dinde, de bûche ou de fruits déguisés. Il ne restait plus que deux jours avant le réveillon du nouvel an. Juste le temps de soulager les foies et les estomacs. Juste le temps de digérer tout ce que l'on venait d'avaler et de vivre et, pour certains, le menu n'avait pas été des plus légers.

Pour Amanda par exemple, qui n'en finissait plus de pleurer – dans la plus grande discrétion, évidemment, pas son genre de se vider en public – sur son humiliation. Comme dans chacune des épreuves qu'elle avait traversées, Jésus avait été d'un grand secours. D'accord, ce n'est pas Jésus, elle avait fini par l'admettre, qui lui donnerait les secousses telluriques que ce traître d'Harry avait déchaînées en elle. La pression de ses mains un peu gauches sur ses seins, le roulement des mamelons entre ses doigts, les palpitations de son gland gonflé de sang lorsque, par instants, il interrompait sa course folle dans son vagin pour reposer, comme un œuf de dragon, au seuil de son utérus, au plus profond d'elle... Rien ni personne ne saurait remplacer cela.

Mais des secousses, qu'elles déchirent ses entrailles ou qu'elles mettent à mal ses convictions, elle en avait eu son compte pour l'instant. Verveine, prière et le moins de compagnie possible, voilà à quoi elle aspirait pour les semaines à venir. Voilà ce que serait son régime « détox », dans la maison parme de Montrose Avenue, pour faire passer les excès – bien involontaires – de cette période de fêtes.

À *Sex & Cie*, le soulagement avait vite cédé sa place à une nouvelle effervescence. Certes les « élèves » se faisaient plus rares, pour la plupart repartis chez eux, auprès de leurs proches, dans leur famille. Cyrella elle-même était repartie à bord de Barbara pour « s'éclater un peu en ville ». Inutile de préciser que Gina était du voyage, tout du moins entre deux services. Il ne restait plus que quelques dizaines d'heures avant la nouvelle année. 2010. Une année qui sonnait rond, qui sonnait juste. Une année du renouveau, aurait soutenu Amanda.

Mais, en coulisse, on préparait une rentrée qui s'annonçait surtout très chargée. Le procès avait porté sur l'Académie un coup de projecteur national, à tel point que Marie et John avaient plus que jamais craint que leurs enfants ne tombassent sur un article ou même une simple dépêche. Si Cyrella Walker, Cyrella l'excisée, Cyrella l'amputée, avait réussi à connaître ici son premier orgasme, alors qui ne le pouvait pas ? En quelques jours, ce furent tous les miséreux sexuels de la terre, tous les privés de plaisir, les oubliés de l'orgasme qui affluèrent vers *S & C*, par mail, téléphone ou courrier. Il venait des messages de tout le pays, et même de l'étranger, tant et si bien que, pour la première fois depuis l'ouverture, les effectifs affichaient complet pour les six mois à venir. Oui, ce serait une belle rentrée.

L'ambiance était à la fois si affairée, si appliquée, mais aussi si légère, que John et Marie se mirent à se parler de nouveau, au fil de leurs obligations, presque sans s'en rendre compte, sans le vouloir.

— Ça va vous paraître bête, mais...

— Non, non, Philip, vas-y, il n'y a pas de mauvaises questions, nous sommes là pour toutes les entendre et, dans la mesure du possible, pour y répondre, posa Elmer Blumm avec un geste vers le bas qui se voulait apaisant.

La séance hebdomadaire de Q & R, questions et réponses, était depuis le début une tradition à *Sex & Cie*. Certains profs y avaient un peu rechigné au début mais Marie y tenait beaucoup. « C'est à ce genre de détails qu'on prouve aux "autres" que nos clients ne sont pas là que pour baiser » assenait-elle aux détracteurs de l'exercice. Élèves, modèles, enseignants, et même Ada, qui n'aurait pour rien au monde manqué l'une de ces séances, tous se réunissaient chaque fin de semaine dans la Sexeteria, le plus vaste espace public de l'Académie. Selon l'actualité, les cours et les ateliers de la semaine, et bien sûr aussi la personnalité des stagiaires, cela durait de quelques minutes à plusieurs heures. Il n'y avait pas de règle. Mais on donnait à chacun le temps de se lancer, d'oser poser la question qui le taraudait, parfois depuis des années, parfois depuis toujours. Étrangement, certains avaient plus de mal à parler en public qu'à se masturber ou sucer une queue devant les autres. Nos paradoxes sont ainsi faits.

Pour l'information et l'édification des générations de stagiaires à venir, toutes les séances de Q & R étaient consignées, retranscrites et librement accessibles sur le serveur en accès privé de l'école.

Question n° 1

— Je me demandais si... Enfin, reprit-il, la plupart des hommes cherchent à avoir le plus de partenaires possibles, on est d'accord ?

— Pas tous, mais une majorité d'entre eux, oui...

— Eh bien, et si seulement un petit nombre de femmes nous était destiné sexuellement ?

— Qu'entends-tu par « destiné » ?

— Toutes ces femmes avec qui on peut faire l'amour... Si on est honnête deux minutes, il n'y en a que quelques-unes avec qui c'est vraiment le pied, franchement... Alors je me demande si chacun d'entre nous n'a pas droit qu'à un nombre limité de grandes aventures sexuelles. De trucs vraiment chouettes. Et le reste...

— Je comprends, Philip, je comprends. Et je ne suis pas très loin de te rejoindre. Je pense même que, hommes et femmes, je ne fais pas de distinction de genre à ce propos, nous avons tous en effet quelques « âmes sœurs sensuelles » de par ce monde.

— Comme en amour, en fait ? s'étonna Lucy, une jeune femme qui avait anticipé la rentrée et insisté pour participer aux derniers ateliers de l'année.

— Oui, comme en amour, répondit Elmer, ou plutôt je dirais « contre l'amour ».

— « Contre l'amour » ? ! s'exclamèrent en chœur les femmes présentes.

— Soyons bien clairs, il est évident que le sexe prend une tout autre dimension quand il est accompagné d'un sentiment amoureux. Ce que j'essaie de vous dire, c'est que dans la plupart des rencontres, quand les couples se forment, les sentiments sont si forts, le phénomène de cristallisation si intense, que généralement on se soucie assez peu de vérifier si on s'accorde aussi sexuellement. Même si ce n'est pas extraordinaire, on pense que ça va s'améliorer avec le temps, que ce ne sont que les débuts, etc.

— C'est horrible ! s'enflamma Lucy. Ça veut dire que si on croise les amoureux possibles avec les amants potentiels... statistiquement, il ne reste quasiment plus personne !

— Non, ne noircis pas le tableau. Ce que ça veut surtout dire, c'est que quand on tombe amoureux, on devrait toujours vérifier que la personne en question sera AUSSI un partenaire sexuel qui nous correspond, et ce AVANT de s'engager avec elle.

— Ouais, je me vois bien aborder la fille, plaisanta Philip sans finesse. « Salut, écoute, on baise ensemble comme des malades pendant quelques mois et ensuite, peut-être que je te garderai parce que tu es un bon coup, ou peut-être que je te larguerai parce que tu baises comme une chèvre. »

— On ne le dit pas comme ça, c'est sûr... Mais n'est-ce pas déjà un peu ce que l'on fait, les uns comme les autres ?

— Humm, admirent du bout des lèvres plusieurs stagiaires, l'air un peu absent.

— Seulement, on ne le fait pas assez longtemps, ou pas assez bien, on se laisse un peu bercer par l'illusion romantique, on laisse traîner les choses, ou on cherche à gagner du temps... Moi je vous dirais que c'est entre autres la fonction d'un lieu comme *Sex & Cie* que d'aider les couples à se découvrir vraiment, en prenant le temps justement, en explorant toutes les facettes de leur sexualité.

— Et s'ils découvrent que ça ne fonctionne pas, tu les rembourses ? ironisa Roy, qui se sentait assez peu concerné par ce débat hétéro pur jus.

— Non, mais on leur aura fait gagner plusieurs années de leur vie, si tu veux mon sentiment, répliqua Elmer Blumm, conservant tout son sérieux.

— OK, génial, mais combien on a de chances, à ton avis ? Combien j'en ai, moi, dans tout l'univers, des âmes sœurs super cochonnes? relança Philip, qui ne plaisantait qu'à moitié.

— Comment pourrais-je te répondre ? Je n'en sais rien... Si ça t'intéresse vraiment, je peux juste te dire qu'un labo de recherche en Californie s'est amusé à évaluer le nombre de « super bons coups », comme tu dirais, qu'on rencontre en moyenne dans sa vie.

— Et alors ? !

— Eh bien d'après eux, chacun d'entre nous aurait droit à quatre.

— Pas si mal, se rassura Philip.

— Quatre... si tant est qu'on arrive à mettre la main dessus, bien sûr, conclut Elmer.

Avait-elle mis la main dessus ? Brad serait-il à la hauteur des attentes que ses fantasmes et leurs séances de touche-pipi avaient placées en lui ? Serait-il un amant capable de la faire chavirer totalement... ou juste celui qui empocherait la cagnotte, et ne manquerait pas de s'en vanter à ses copains du lycée ? Juliet était revenue des Hampton plus amoureuse mais aussi plus que jamais en proie aux doutes.

Une nuit, ils avaient dormi dans une cabane chauffée au fond du parc, dans des sacs de couchage posés à même le sol. En se contorsionnant et en blessant leurs poignets sur les fermetures Éclair un peu rouillées ils s'étaient caressés mutuellement et, le moins que l'on puisse dire, c'est que ça n'avait pas été le nirvana et encore moins le trésor des rois mages au pied de leur crèche improvisée. Brad était venu presque tout de suite, engluant son avant-bras d'un sperme rendu très épais par le froid. Et elle... elle avait bien essayé de convoquer les images de son Brad astronaute, de son Brad cosmique, de son Brad orgasmique mais, à l'autre bout du bras – et du Brad – il n'y avait qu'un ado maladroit qui s'escrima cinq minutes sur son bouton avant de lâcher l'affaire dans un piaillement douloureux, les poils de son aisselle capturés dans la glissière antédiluvienne.

Bien plus excitante avait été la contemplation – chaste, hélas – de Jackson, le jardinier des Bradford, un jeune délinquant en réinsertion que la famille employait par pure charité, et surveillait néanmoins de près lorsqu'il s'occupait de leur gazon et de leurs buissons.

Rien n'avait pourtant été défloré durant ces quelques jours, John et Marie pouvaient dormir tranquilles. Pas plus leur fille que le secret de leur activité. Le vent hivernal qui avait fini par se lever chassa l'unique journal qu'un coursier courageux avait déposé devant la grille.

Question n° 2

— À votre avis, parler de ses relations sexuelles avec ses ex à son chéri, c'est une bonne idée ou c'est dangereux ?

— Tout dépend comment c'est présenté, se lança Fanny. Si c'est pour lui raconter comment ton ex t'a déclenché cinq orgasmes vaginaux en cascade, à mon humble avis, mieux vaut s'abstenir.

— Je me doute. Mais justement... Où on place la limite, selon vous ? On peut entrer dans les détails ou vaut mieux éviter ?

John avait évité.

À Marie, il n'avait pas dit grand-chose de sa relation – certes très brève – avec Samantha. Elle était par ailleurs assez fine pour saisir tout ce que les circonstances particulières de leur rencontre[1] avaient pu apporter de piment à leurs ébats, un quelque chose de si fort, de si relevé, qu'elle avait toujours préféré ne pas se positionner en concurrente, convaincue que jamais elle ne pourrait offrir cette saveur-là à John.

Quand Samantha avait appelé John le 28 décembre au soir, après son apparition fantomatique au tribunal, là aussi il avait prudemment omis d'en parler à son épouse. Il avait accepté une brève entrevue au *Romeo's*.

---

1. Sur des plateaux de tournage de films X, voir les chapitres précédents.

— Nom d'un chien Sam, qu'est-ce que je t'ai fait ? Pourquoi tu nous poursuis comme ça ? grinça-t-il entre ses dents.

— Je vais revenir demain, John.

— Revenir où ?

— Au tribunal.

— Et leur dire quoi, hein ? glapit John, en lavant sa rage d'une rasade de bourbon.

— La vérité, juste la vérité.

— La vérité ? Quelle vérité ? ! Celle d'Amanda Dichs ? C'est ça ? Tu as fini par choisir ton camp ?

— Tu le sais très bien, fit-elle avec un sourire presque tendre, tout en glissant sous la table une main qu'elle posa sur son sexe.

— Arrête… la repoussa-t-il avec une grimace.

— Je te dégoûte ?

— Sam, non, tu sais bien que non…

— Alors à toi de voir, John… et à moi de voir ce que je dirai demain, lança-t-elle en se levant.

Il la retint un instant par le bras. Il y avait si longtemps qu'ils se pratiquaient tous les deux. Avant les enfants, avant Marie, avant…

Ils se connaissaient si bien et pourtant, à cet instant précis, John n'aurait su dire jusqu'à quel point – de rupture ? – Samantha allait choisir de conduire son témoignage. Si elle allait mettre sa vie en pièces, ou laisser un nouveau répit aux fondations si fragiles qui la soutenaient.

Question n° 3

— Est-ce que vous croyez aux « réconciliations sur l'oreiller » ?

— Tu peux préciser ta question, Rita ?

— Est-ce que vous pensez que quand on fait l'amour, il se joue autre chose que le sexe ? Qu'on peut faire passer des messages, trouver un terrain d'entente ou même régler un conflit ?

— Si je peux me permettre, intervint Dominique D., toujours aussi parcimonieuse dans ses prises de parole, il y a deux questions dans ta question. Si c'est : « Est-ce d'autres choses qui se jouent que le contact des corps ? Est-ce que les âmes peuvent dialoguer à l'unisson ou même à l'insu des peaux et des sexes ? » Alors pour moi la réponse est « oui », sans hésiter.

— … et si la question est « Les tensions peuvent-elles s'apaiser par la vertu de la relation sexuelle ? », c'est également indéniable, embraya Elmer. Mais, hélas, il faut bien avoir conscience que ça ne résout rien. Pas sur le long terme. Pas en profondeur. On chasse le mal… mais les racines sont toujours là.

Depuis leur petit tour de piste au tribunal, ils avaient pris la résolution de ne plus rien laisser passer. En attendant l'arrivée d'un employé de sécurité, et l'aménagement d'un poste dédié, hors du bureau de Marie, ils étaient convenus que John et Ada se relaieraient derrière les écrans, au moins pendant les heures de cours.

John s'efforçait de ne pas prendre cela comme une sorte de « punition », mais il soupirait et bâillait et ses bruits d'animal en cage agaçaient bien plus Marie qu'elle ne voulait se l'avouer. Elle essayait de lui pardonner, elle essayait dur même. Mais y arrivait-elle vraiment, ne serait-ce qu'un tout petit peu, si elle se posait la question en toute conscience ?

— Tiens ! Regardez, là, sur le moniteur en bas à droite… Vous ne voyez pas ? Mais si, là ! C'est eux, non ? Si si, c'est bien eux !

Délicat(e) comme à son habitude, Ada avait cogné d'un coup de tête…

— Non, non, non, je n'ai rien cogné du tout !

— Ada… s'il te plaît, tu me laisses raconter la fin de l'histoire à nos amis ? Et puis c'était il y a dix-huit ans, comment tu peux te souvenir d'un détail aussi infime dix-huit ans après ?

— Eh ben, et vous ? Hein ? Pourquoi vous vous souviendriez mieux que moi de ce que J'AI fait à l'époque ? Ah !

— Ada, je raconte une histoire là, je romance, j'enrobe, j'enjolive un peu, tu comprends ?

— Mouais…

… Bon reprenons, Ada avait donc malencontreusement heurté la caméra placée dans le bureau de Marie, une caméra que les précédents propriétaires avaient trouvé opportun d'orienter vers le mur, de telle sorte que l'écran correspondant demeurait invariablement blanc. Enfin, blanc-gris, comme un mur qui se défraîchit. C'est vrai après tout, pourquoi avoir placé une caméra de surveillance jusque dans la pièce où se trouvaient ceux qui surveillaient ? C'était absurde. Une bévue de l'installateur.

Absurde, oui, autant que ces dos qu'ils se tournaient sur cette image, autant que cette distance que John mesurait pleinement, désormais, ce champ de pixels qui apparaissait plus infranchissable qu'un champ de mines. Marie dans son coin, lui dans le sien.

Il posa le premier la main sur sa nuque. Il avait toujours voué une passion aux nuques des femmes. Celle de Marie était pour lui, à chaque fois qu'il y posait un regard, plus ou moins appuyé, une divine surprise. Elle était si fine, à peine couverte d'un duvet délicat, parcourue de frissons qu'il lui semblait ressentir à son tour ; un enchantement.

En sentant sa paume, lourde, chaude, elle fléchit le cou jusqu'à déposer sa joue sur le dessus de la main qui glissait maintenant sur son épaule. Ses yeux accrochèrent eux aussi leurs silhouettes sur le moniteur et, avec un sourire léger, qu'il interpréta comme une capitulation proche, elle comprit le signe qui leur était adressé : « Pour bien vivre ton plaisir, n'en sais pas trop sur celui des autres. »

Oui, le message était clair depuis le début, depuis qu'Arturo avait imprimé le premier coup de ciseau dans la pierre. Pour bien vivre leur plaisir, il ne fallait qu'eux et rien qu'eux, « se retrouver » comme ils le conseillaient à longueur d'année à leur stagiaire, exclure tout le reste, tous les autres.

Et puis, elle ne pouvait se le cacher, c'était passablement excitant de le voir retirer son tee-shirt, de s'observer elle-même dégrafant son soutien-gorge d'une main impatiente, de se voir tous deux se faire face et s'agripper l'un à l'autre, comme deux morts de faim.

C'est John qui avait insisté pour qu'ils proposent un atelier optionnel de « Sexe Acrobatique ». Depuis, il aimait bien lui aussi s'y essayer dans l'intimité. Assis dans le fauteuil directorial de sa femme, il la manipula comme un fétu et la plaça tête bêche entre ses jambes, sa bouche à elle aussitôt plantée sur son sexe, la sienne déjà collée à sa vulve, dans un 69 vertical aussi stimulant que beau à regarder. Vraiment, ils n'avaient besoin que d'eux-mêmes, de leurs propres ressources, de leurs corps, du tableau magnifique qu'ils composaient à l'instant sous leurs yeux. Qu'avaient-ils besoin des images des autres, des corps des autres, des culs des autres ?

Avec le temps, Marie n'était plus la suceuse précautionneuse et un peu timide qu'avait vue Wilbur Wright dans sa vision. Elle gobait d'abord son gland, elle le roulait sous la langue et sur les muqueuses si soyeuses de ses joues, puis elle engouffrait tout son chibre – elle aimait bien ce terme désuet, elle aimait bien le lui dire pendant l'amour, « ton chibre » – d'un grand mouvement ample, comme si ce dernier tombait dans un précipice. Un spasme le traversait alors, presque à chaque fois, comme lorsqu'on est sur le point de s'endormir et que tous les muscles se relâchent. Une sensation de chute.

Il éloigna un instant son visage pour mieux profiter de la vue. Ah sa chatte, il l'aurait peinte, il l'aurait filmée, il en aurait fait d'interminables romans, ah sa chatte s'il avait eu le moindre talent, John aurait clamé au monde entier sa délicatesse, sa joliesse, son étroitesse aussi. Ce n'était pas qu'une formule non, il n'était pas juste ivre des vapeurs intimes qui, sous cet angle, montaient jusqu'à lui. Marie avait vraiment une chatte à nulle autre pareille. Vous la décrire ? Elle n'entrait certes pas dans les critères de Mark Robinson. Ce dernier avait peut-être eu raison de s'abstenir. Probablement qu'il eût été dérouté par ce repli si charnu des lèvres, ces nymphes courtes et épaisses, ce conduit aussi exigu que largement ouvert, dépourvu de cet amas vulvaire, brouillon, accidenté, qu'ont la plupart des femmes qui ont déjà enfanté.

Allons, puisque c'était à la mode, John plongea majeur et index à l'intérieur de sa femme. Passé un instant de surprise, elle se cambra pour lui offrir de concert l'angle de pénétration et le panorama les plus agréables. Il accéléra la cadence de ses doigts en elle, un œil dans son sexe, l'autre sur l'écran, divisé et démultiplié, excités l'un et l'autre comme ils ne l'avaient plus été depuis...

— John, John, doucement mon amour, je vais jouir... geignit Marie, le sexe de son homme aux bords des lèvres.

— Continue, s'il te plaît continue, la supplia John, le bas-ventre tendu vers sa bouche, une main appuyée sur son crâne, prêt à lui infliger une ultime poussée, jusqu'au fond de sa gorge. Pompe-moi, chérie… Pompe-moi fort, feula-t-il tout en vérifiant à l'écran l'amplitude exacte de la bouche sur sa queue dressée, luisante, énorme.

Et ils poursuivirent en un puissant ressac, chaque sexe idéalement collé à la gueule de l'autre, dévoré, absorbé, léché, englouti, aspiré et bientôt bu.

— Ah oui maintenant je me souviens ! j'ai ouvert la porte pile à ce moment-là et j'ai dit…

— Tu as dit « Ohhh… », tu as refermé la porte sur eux, les laissant tout à eux, et tu as conclu avec un franc sourire « gasmique » !

— Voilà, voilà, ça doit être ça, admit Ada.

Oui, ce dut être ça, aussi vrai que la suite fut « Ohhh »… à vous, maintenant !

Prochainement, dans

Sex & Cie

Sexes en stock

Cours n° 2

« La quantité n'est pas toujours un gage de qualité. »

Où l'on comprend que la liberté sexuelle dont jouissent les élèves de *Sex & Cie* n'autorise pas tout.

Où l'on découvre que tous ceux qui entrent à l'Académie… ne sont pas forcément là pour apprendre, mais aussi pour prendre.

Où l'on apprend que même les plus prudes des habitants de Verona ne sont pas exempts d'un certain passé, d'une certaine jeunesse.

Où l'on craint pour la santé et la sécurité des élèves de *S & C*. Où l'on parle mariage et autres formes d'engagement.

Où l'on touche peut-être enfin du doigt – ou d'autre chose – les brûlants secrets de Marie et John.

Table

La littérature érotique aux Éditions J'ai lu

Anonyme	Folies d'amour (8759)
Marthe Blau	Ma sœur m'a tuée (8341)
Valérie Boisgel	Captive (8758)
Juliet Hastings	Sex and the bureau (8245)
	Karnak hot story (8712)
Jérôme Kob	Le pensionnat (8513)
Marie Lincourt	Faustine (8244)
Lucie Lux	Je ne m'ennuie jamais toute seule (8446)
Nicolas Marssac	La boutique des plaisirs (8860)
Jean-François Mopin	Le bandeau (8651)
Éric Mouzat	Tes désirs sont des ordres (8711)
Mélanie Müller	Frappe-moi (8340)
Ania Oz	Sex & Cie 1 (8834)

8834

Composition
VIRGIN PUBLISHING

Achevé d'imprimer en France (La Flèche)
par CPI BRODARD ET TAUPIN
le 12 janvier 2009. 50801

Dépôt légal janvier 2009.
EAN 9782290013236

ÉDITIONS J'AI LU
87, quai Panhard-et-Levassor, 75013 Paris

Diffusion France et étranger : Flammarion